Sexueller Mißbrauch an Jungen

Ron van Outsem

Sexueller Mißbrauch an Jungen

Forschung
Praxis
Perspektiven

Aus dem Niederländischen
von Rolf Erdorf

Donna Vita

Originaltitel: Seksueel misbruik van jongens

Die Deutsche Bibliothek – CIP-Einheitsaufnahme
Outsem, Ron van:
Sexueller Mißbrauch an Jungen: Forschung Praxis Perspektiven / Ron van Outsem.
Aus dem Niederländischen von Rolf Erdorf. – Ruhnmark: Donna Vita, 1993
Einheitssacht.: Seksueel misbruik van jongens (dt.)
ISBN 3-927796-24-7

1. Auflage 1993

Lektorat: Andrea Krug
Satz und Gestaltung: Dagmar Schadenberg, Berlin
Druck: Clausen & Bosse, Leck

Inhalt

3. Kapitel

Die Folgen sexuellen Mißbrauchs

4. Kapitel

Die Folgen sexuellen Mißbrauchs bei Jungen und Männern: Modelle und Theorien

5. Kapitel

Erkennung, Diagnose und Therapie

Vorwort

Über Art, Ausmaß und Häufigkeit sexueller Gewalt gegen Mädchen und Frauen ist in den letzten fünfzehn Jahren viel bekannt geworden. Maßgeblich durch das Zutun der Frauenbewegung hat sich an der Betreuung der Opfer sexueller Gewalt vieles verbessert.

Über sexuellen Mißbrauch an Jungen wissen wir viel weniger. Art, Häufigkeit und Folgen sexuellen Mißbrauchs an Jungen sind in den Niederlanden kaum erforscht, und es ist bisher nur wenig dazu veröffentlicht worden.[1] Für die meisten professionellen BetreuerInnen ist sexueller Mißbrauch an Jungen ein unbekanntes Phänomen.

Fehleinschätzungen und Tabus in bezug auf Sexualität und sexuelle Gewalt machen es für sexuell mißbrauchte Jungen und Männer oft sehr schwer, hierüber mit anderen zu sprechen. Männer, die früher sexuell mißbraucht worden sind? Jungen, die vergewaltigt werden? - Jungen lassen so etwas doch nicht einfach gegen den eigenen Willen zu! Sie finden Sex doch immer schön? Und Sex mit einer erwachsenen Frau hat ein Junge doch gewiß selbst gewollt?

Jedoch stellt sich zunehmend heraus, daß auch Jungen sexuell mißbraucht werden. Soweit bisher bekannt, sind die TäterInnen meistens (ältere) Jungen und Männer, manchmal auch Frauen.

Die Stiftung „Mannen Tegen Seksueel Geweld" (Männer gegen sexuelle Gewalt, MTSG) setzt sich seit 1983 für eine Bewußtseins- und Verhaltensänderung bei Jungen und Männern ein, um hiermit einen Beitrag zur Bekämpfung sexueller Gewalt zu leisten. Ausübende sexueller Gewalt an Mädchen und Frauen sind ja fast ausschließlich Jungen und Männer.

Um die Tabus und Fehleinschätzungen im Zusammenhang mit sexuellem Mißbrauch an Jungen durchbrechen zu helfen, hat die Stiftung MTSG in den zurückliegenden Jahren zum Zustandekommen zweier Veröffentlichungen beigetragen. Im Jahr 1991 ist ein Buch über und für Jungen und Männer mit Mißbrauchserfahrungen erschienen (Jos van den Broek: Verschwiegene Not. Sexueller Mißbrauch an Jungen, Stuttgart/Zürich 1993).

Das Buch, das jetzt vor Ihnen liegt, richtet sich hauptsächlich an professionelle HelferInnen und an WissenschaftlerInnen, um sie über einige wichtige Aspekte sexuellen Mißbrauchs an Jungen zu informieren. Grundlagen dieser Publikation sind eine Literaturstudie zur Untersuchung von Art, Ausmaß und Folgen sexuellen Mißbrauchs an Jungen sowie Richtlinien für Beratungseinrichtungen. Diese Studie wurde bearbeitet und um einige Erfahrungen aus der Arbeit mit männlichen Opfern ergänzt.

MTSG hofft, daß diese Veröffentlichung – an deren Zustandekommen einige MitarbeiterInnen des Verlags SUA maßgeblich beteiligt waren – zum besseren Verständnis der Situation sexuell mißbrauchter Jungen und Männer, zur Erweiterung und Verbesserung des Hilfsangebots und zur weiteren Forschung auf diesem Gebiet beitragen wird.

Han Spanjaard
Stiftung „Mannen Tegen Seksueel Geweld" (MTSG)[2]

Einleitung

Das Thema „sexueller Mißbrauch" erfährt in den letzten Jahren zunehmendes Interesse. Dieses Interesse ist bislang jedoch vornehmlich auf weibliche Opfer beschränkt geblieben. Immer mehr wächst nun das Bewußtsein, daß Jungen und Männer ebenfalls sexuellen Mißbrauch erleben können und daß auch ihnen dadurch Nachteile erwachsen.

Viele Leute meinen, über sexuellen Mißbrauch an Jungen und Männern sei noch kaum etwas geschrieben worden. Es gibt jedoch bereits eine gehörige Menge an Wissen. Obwohl dieses Thema sich nie eines großen Interesses seitens der Forschung und der Hilfseinrichtungen hat erfreuen können, hat es ab dem Anfang dieses Jahrhunderts doch schon regelmäßig entsprechende Untersuchungen gegeben.

Dieses Buch ist eine in bezug auf Art und Folgen sexuellen Mißbrauchs durch Berichte aus der Praxis ergänzte Literaturstudie. Es versucht, das vorhandene Wissen über sexuellen Mißbrauch an Jungen und Männern zu umreißen und zusammenzufassen. Diese Bestandsaufnahme wird durch eine neue Theoriebildung ergänzt. Das Buch möchte hauptsächlich einen Beitrag zur Durchbrechung des diesem Thema gegenüber noch immer bestehenden gesellschaftlichen Tabus leisten. Doch genauso wichtig ist der Wille, das Interesse am Thema bei professionellen HelferInnen in der geistigen Gesundheitsfürsorge im weitesten Sinne des Wortes zu vergrößern. Die Lektüre dieses Buches kann den Sachverstand von HelferInnen erweitern und vielleicht zu weiteren Untersuchungen auf diesem Gebiet anregen. *Sexueller Mißbrauch an Jungen* ist in erster Linie für professionelle HelferInnen und für WissenschaftlerInnen geschrieben. Dabei ist an PsychologInnen, PsychiaterInnen, SozialarbeiterInnen, an sozial-psychiatrisches Pflegepersonal, JugendhelferInnen usw. zu denken. Aber auch männliche Opfer können diesem Buch viele für sie wertvolle Informationen über die eigene Situation entnehmen.

Weshalb habe ich dieses Buch geschrieben? Vor etwa zehn Jahren betreute ich eine Gesprächsgruppe für Menschen, die aus der normalen

Psychiatrie keinen Nutzen hatten ziehen können oder die aus unterschiedlichen Gründen eine psychiatrische Behandlung abbrechen mußten. An dieser Gruppe nahmen auch drei männliche Jugendliche teil, die sexuell mißbraucht worden waren. Die (auch individuelle) Betreuung dieser drei Jungen weckte mein Interesse für das Problem sexuellen Mißbrauchs bei Jungen und Männern. Seither habe ich noch viele weitere sexuell mißbrauchte Jungen und Männer betreut. Während meines Psychologiestudiums an der Rijksuniversiteit Leiden habe ich mich ausführlich mit diesem Thema beschäftigt, was in einer Doktorarbeit resultierte, auf die dieses Buch gegründet ist.

Großen Dank schulde ich Frank Andriesse, mit dem ich lange Zeit innerhalb der Stiftung „Wissenschaftliches Büro Sexueller Mißbrauch" (SWBS) in Leiden zusammengearbeitet habe. Durch seine jahrelange Erfahrung als Betreuer sexuell mißbrauchter Jungen und Männer war er mir beim Schreiben dieses Buches eine wertvolle Bezugsperson. Auch möchte ich Liesbeth Eurelings-Bontekoe für die Betreuung meiner Dissertation und Pauline Hirschhorn für ihren inhaltlichen Kommentar danken. Gleichzeitig gilt mein Dank den Mitarbeitern der Stiftung „Mannen Tegen Seksueel Geweld" (MTSG) und dem Verlag SUA für deren Unterstützung, und, last but not least, danke ich Joost Heinsius und Sietske Dijkstra für die Lektorierung dieses Buches.

Der Aufbau von *Sexueller Mißbrauch an Jungen* ist wie folgt: Abgrenzung und Definition des Themas sexueller Mißbrauch bilden Kapitel 1. Kapitel 2 geht auf Häufigkeit und Art des sexuellen Mißbrauchs bei Jungen und Männern ein. Die kurzfristigen und langfristigen Folgen sexuellen Mißbrauchs kommen in Kapitel 3 zur Sprache. Dabei wird eigens auf den oft unterstellten Zusammenhang zwischen Mißbrauchserfahrung und eigenem späteren Täterverhalten eingegangen. In Kapitel 4 werden eine Reihe von Modellen und Theorien besprochen, die sich mit den Folgen sexuellen Mißbrauchs beschäftigen. Dem füge ich mein eigenes heuristisches Traumatisierungsmodell hinzu. Kapitel 5 betrifft die Therapie männlicher Opfer. Am Ende der Kapitel 2, 3 und 5 stehen einige Fälle aus der Praxis.

Was ist sexueller Mißbrauch?

In der Fachliteratur und im täglichen Leben werden vielerlei Begriffe, die mit sexuellem Mißbrauch zu tun haben, durcheinander verwendet, etwa „sexueller Kindesmißbrauch" *(child sexual abuse)*, „sexuelle Kindesmißhandlung", „Inzest", „unfreiwillige/ungewollte sexuelle Jugenderfahrungen", „sexuelle Ausbeutung" und dergleichen. Diese Begriffe werden auf männliche und weibliche Opfer gleichermaßen angewandt. Das macht einen Einblick in dieses Thema nicht leichter und führt zu Mißverständnissen und endlosen, meist wenig fruchtbaren Diskussionen. Wahl und Definition des Begriffs sind jedoch von wesentlicher Bedeutung für die durchgeführte Untersuchung und deren Ergebnisse. Sie haben nämlich auch einen enormen Einfluß auf die Theoriebildung sowie auf Beratung und Prävention.

Im Mittelpunkt dieses Kapitels steht der Einfluß, den die Wahl einer bestimmten Begriffsdefinition auf die durchgeführte Untersuchung hat. Dies wird jedoch auch in den späteren Kapiteln weiter thematisiert werden. Für eine ausführlichere Behandlung dieses Gegenstandes sei auf die entsprechende Fachliteratur verwiesen.[1]

Die Auseinandersetzung um die Definition sexuellen Mißbrauchs

Die oben erwähnte Begriffsvielfalt in bezug auf sexuellen Mißbrauch erweckt den Eindruck, als sei das Gemeinte von vornherein klar und als gebe es keine unterschiedlichen Auslegungen. Man geht offenbar davon aus, daß alle wissen, was gemeint ist. In der Praxis jedoch gibt es eine große Vielfalt diesbezüglicher Definitionen und Umschreibungen. Alle Definitionen sexuellen Mißbrauchs im weitesten Sinne sind kultur- und zeitgebunden, weil sie von den zum gegebenen Zeitpunkt in einer Gesellschaft vorherrschenden Normen und Wertvorstellungen beeinflußt sind. Außerdem haben die Begriffe unterschiedliche emotionale Konnotationen, was vor allem dadurch beeinflußt wird, wie Medien und öffentliche Meinung sie präsentieren.

Auch die wissenschaftlichen Anstrengungen auf diesem Gebiet können nicht losgelöst von solchen gesellschaftlichen Faktoren gesehen werden. Dabei kann man sich die Frage stellen, ob das Gegenteil überhaupt möglich oder auch nur wünschenswert ist: Das Phänomen, um das es hier geht, ist ja ganz eng damit verbunden, welche Bedeutung Menschen Begriffen wie Sexualität, Gewalt, Verantwortlichkeit, Abhängigkeit und dem Verhältnis zwischen Erwachsenen und Kindern beimessen.

Die in den Niederlanden entwickelten Vorstellungen über sexuellen Mißbrauch sind stark von der nordamerikanischen Kultur und Gesellschaft beeinflußt. Der weitaus größere Teil der existierenden Fachliteratur zu diesem Themenbereich stammt aus den Vereinigten Staaten, und dieser Einfluß erstreckt sich auch auf die durchgeführten Studien und das noch dürftige Beratungsangebot.

Burt und Estep (1983) umreißen für die westlichen Länder vier Kriterien, denen die gemachten Erfahrungen genügen müssen, um ein Individuum als Opfer sexuellen Mißbrauchs anzuerkennen: Nur die schwerwiegenden Formen von Mißbrauch werden als solcher betrachtet, die Opfer müssen glaubhaft machen, daß sie für das Geschehene keinerlei Verantwortung tragen; weiter muß eine (gewisse) physische Beschädigung vorliegen, etwa in Form von Verletzungen, und es muß ein mehr oder weniger extremer Zwang vorliegen. Was das erste Kriterium angeht, bestehen große Meinungsunterschiede darüber, was nun „schwerwiegend" oder „schwerwiegender" ist. Meistens ist man geneigt, sexuelle Handlungen, bei denen eine Penetration stattfindet (Koitus, anale Penetration, erzwungene Fellatio bei den TäterInnen) als die schwerwiegendsten Formen zu betrachten. Wolters (1982) bezeichnet Handlungen wie Masturbation – sowohl das aktive erzwungene Tun als auch das passive Erdulden –, das Betasten von Geschlechtsteilen und dergleichen sogar als „unschuldig". Es werden jedoch immer mehr Stimmen laut, die betonen, daß nicht bloß die Handlungen an sich, sondern vor allem deren Kontext – wie sie geschehen, unter welchen Umständen und wie sie erlebt werden – die Schwere des Mißbrauchs bestimmen.[2] Das Verhältnis zwischen Opfer und TäterIn wird dabei als sehr wichtig angesehen, ebenso der Hintergrund des Opfers.

Was das zweite Kriterium betrifft, zeigt sich, daß der Terminus „Verantwortlichkeit" sich theoretisch vielfältig füllen läßt. Die Mißbrauchssituation ist häufig so kompliziert, daß verschiedensten Argumentationen Raum bleibt, wenn es darum geht, wem die Verantwortung für die Ereignisse zugeschrieben werden kann: dem Täter oder der Täterin, dem Opfer oder beiden. Außerdem werden solche Feststellungen immer erst im nachhinein getroffen, und zwar unter dem Einfluß kultureller und sozialer Normen und Werte bezüglich dessen, was erlaubt und was nicht erlaubt ist, sowie dessen, was von Männern, Frauen und Kindern in bestimmten sozialen Rollen erwartet wird.

Die beiden letztgenannten Kriterien werden ebenfalls kontrovers diskutiert. In der Praxis zeigt sich, daß, je nach Argumentationsweise, ein sehr breites Spektrum von Situationen als sexueller Mißbrauch betrachtet werden kann. Zwang und physische Verletzungen können stattfinden, sind jedoch nicht unerläßlich. Dennoch nimmt man häufig körperliche Verletzungen und mehr oder weniger extreme Formen von Zwang und Bedrohung als „Beweise", daß wirklich ein „sexueller Mißbrauch" vorliegt. Manche professionellen HelferInnen unterscheiden zwischen gewaltsamem Mißbrauch (mit Zwang, Drohungen oder Gewalt) und scheinbar gewaltfreiem Mißbrauch (ohne Zwang, Drohungen oder Gewalt). Dabei gehen sie davon aus, daß gewaltsamer Mißbrauch auch *per definitionem* schädlicher ist. Eine derartige Unterscheidung wird häufig – bisweilen implizit – auch bei den Termini „sexueller Mißbrauch" und „sexuelle Mißhandlung" gemacht. Selten jedoch wird diese Unterscheidung konsequent beibehalten.

Wyatt und Peters (1986a) fanden nach ausgiebigen Untersuchungen vier Punkte, in denen die von verschiedenen AutorInnen benutzten Definitionen sich mitunter voneinander unterscheiden, und zwar die obere Altersgrenze der Opfer; die Kriterien zur Bestimmung, ob sexueller Mißbrauch vorliegt oder nicht; die Berücksichtigung oder Nichtberücksichtigung von Erfahrungen mit AltersgenossInnen sowie schließlich Richtlinien zur Beurteilung sexueller Erlebnisse während der Adoleszenz. Der erste Punkt, die obere Altersgrenze der Opfer, wird mitunter global mit Begriffen wie „Geschlechtsreife", „Pubertät", „Adoleszenz", „Schulalter" und dergleichen umschrieben, doch meistens werden spezifische Alterszahlen genannt. Diese Zahlen variieren von 13 bis 18 Jahren.

Beim zweiten Punkt, den Kriterien, aufgrund derer das Ereignis (die sexuelle Erfahrung) als „Mißbrauch" bezeichnet wird oder nicht, fällt zuallererst auf, wie unterschiedlich exakt die Definitionen in dieser Hinsicht sind. Während manche Definitionen genau umschreiben, welche Erfahrungen (Ereignisse) unter sexuellen Mißbrauch fallen und welche nicht, bleiben in anderen Definitionen solche Kriterien implizit oder vage. Außerdem gibt es in den westlichen Gesellschaften, auch innerhalb der wissenschaftlichen Welt, eine Strömung, die jeden sexuellen Kontakt zwischen Erwachsenen und Kindern als sexuellen Mißbrauch betrachtet. Als Argument hierfür wird angegeben, Kinder könnten zu sexuellem Kontakt einfach nicht ihr Einverständnis geben. Kinder könnten die Folgen eines solchen Kontakts nicht überblicken. Sie hätten keine Ahnung von (Erwachsenen-) Sexualität und davon, was daran schön oder nicht schön sei. Sie würden auch die Grenzen des sexuellen Umgangs nicht kennen und die Art, wie dieser sozial beurteilt werde. Außerdem liege dem sexuellen Kontakt zwischen Erwachsenen und Kindern ein Machtungleichgewicht zugunsten des Erwachsenen zugrunde. Das Kind habe dabei nicht die Freiheit, ja oder nein zu sagen.[3] Die These, daß jede Form sexuellen Kontakts während der Kinderjahre immer negative Folgen hat, wird ebenfalls als Argument für die Meinung verwendet, daß sexueller Kontakt zwischen Kindern und Erwachsenen als sexueller Mißbrauch betrachtet werden muß. Dieser Auffassung widersprechen jedoch häufig empirische Untersuchungen.[4]

Andere AutorInnen warnen vor einem derartigen Dogma und verweisen darauf, daß es sehr wohl erwünschte und als positiv erfahrene Sexualkontakte in der Jugend gebe, die auch später noch als positiv angesehen würden und keine Störungen zur Folge hätten, und zwar sowohl Sexualkontakte mit AltersgenossInnen als auch mit Erwachsenen. Ein wichtiges, häufig zur Definition sexuellen Mißbrauchs verwendetes Kriterium ist der „consent" (das Einverständnis, die Freiwilligkeit). Abgesehen von dem soeben besprochenen Meinungsstreit, ob jeglicher Sexualkontakt Erwachsener mit Kindern als Mißbrauch zu bezeichnen ist oder nicht, hat dieses Kriterium einen weiteren Nachteil. Sexuelle Jugenderfahrungen können sehr verschiedenartig sein. Ein und dieselbe Erfahrung kann zudem noch von einem Augenblick zum nächsten ihren Charakter ändern. Was als angenehme, spannende sexuelle Erkundung oder als „unschuldiges" und schönes sexuelles Spiel anfängt, kann überraschend in einen unangenehmen, unkontrollierbaren und bisweilen auch schmerzhaften und einschneidenden Übergriff umschlagen. Dabei braucht die Absicht, den anderen Menschen zu mißbrauchen, nicht einmal vorzuliegen. Auch das Entgegengesetzte kann geschehen: Die Situation beginnt als unangenehm und unfreiwillig, wird danach jedoch als angenehm und erwünscht interpretiert. Im Fall von Bestechung, sei es durch Geld oder sonstige Belohnungen, kann das Kind dem Sexualkontakt zustimmen, dies aber später bereuen. Der Begriff des „consent" ist in der Praxis wesentlich komplexer, als er in vielen Theorien und Definitionen erscheint.

Ein zweites heißes Eisen bei den Kriterien zur Bestimmung dessen, was sexueller Mißbrauch ist und was nicht, ist der sogenannte „non-contact abuse" (Mißbrauch ohne direkten Körperkontakt). Dabei geht es um Erfahrungen mit Exhibitionismus, also dem Zeigen von Geschlechtsteilen, weiter um erotisierendes Reden über Sexualität, etwa in Form von Anspielungen oder Avancen, dann um das Zeigen pornographischen Materials seitens der TäterInnen, um das heimliche Beobachten des Kindes, während es nackt ist (Voyeurismus), um Masturbation in Anwesenheit des Kindes und dergleichen. Obwohl man im allgemeinen diese Dinge als weniger schwerwiegend betrachtet, besteht keine Einigkeit darüber, ob derartiges mit sexuellem Mißbrauch zu vergleichen ist, bei dem Körperkontakt stattfindet („contact abuse"). Wenn Mißbrauch ohne Körperkontakt uneingeschränkt unter „sexuellen Mißbrauch" fiele, hätte das weitreichende Auswirkungen auf die Häufigkeitszahlen und auf die durch Untersuchungen festzustellenden Folgen sexuellen Mißbrauchs (Finkelhor 1984).

Der dritte Punkt betrifft die Frage, ob sexuelle Erfahrungen mit AltersgenossInnen zu sexuellem Mißbrauch zu zählen sind oder nicht. In vielen Definitionen wird hier gefordert, daß die TäterInnen mindestens 5

Jahre älter sein müssen als das Opfer. Erfahrungen mit AltersgenossInnen oder sogar jüngeren Kindern werden dabei aber häufig zu Unrecht als „normale" sexuelle Spiele betrachtet. Denn auch sexuelle Erfahrungen mit Gleichaltrigen können als schädlich, unschön und ungewollt erfahren werden, und auch bei AltersgenossInnen kann die Absicht vorhanden sein, andere Kinder zu mißbrauchen.

Schließlich der vierte Punkt: Die für die Beurteilung sexueller Ereignisse in Pubertät und Adoleszenz (zwischen 12 und 18 Jahren) angewandten Kriterien sind oft ebenfalls unterschiedlich. In der Periode, die mit der Pubertät einsetzt, werden Kinder sexuell aktiver und entwickeln sich hin zu einer Erwachsenensexualität. Das bedeutet, daß sexuelle Erfahrungen jedenfalls nicht mehr *per definitionem* als ungewollt, erzwungen oder als verfrüht betrachtet werden können. Es bedarf dann anderer Kriterien, um sexuelle Erfahrungen als Mißbrauch zu benennen. In den Definitionen werden dazu am häufigsten verwendet: mehr oder weniger extremer Zwang, Unfreiwilligkeit, ein Machtungleichgewicht zwischen TäterIn und Opfer, schwerwiegender Mißbrauch (wie Penetration), körperliche Gewalt und physische Verletzung. Manchmal wird jedoch eine enge Beziehung zu den TäterInnen gerade als Kriterium benutzt, den sexuellen Mißbrauch abzuleugnen. So spricht man häufig zu Unrecht nicht von sexuellem Mißbrauch, wenn der Täter oder die Täterin der Freund oder die Freundin des Opfers sind.

Die Auseinandersetzung um die Definition sexuellen Mißbrauchs ist noch immer in vollem Gang, und es sieht vorläufig nicht so aus, als werde es hier bald eine begriffliche Übereinstimmung geben. Unterschiedliche Ansichten, Normen, Werte und Interessen, aber auch verschiedene Emotionen spielen bei dieser Uneinigkeit eine Rolle und werden das vorläufig auch weiterhin tun. So gibt es neben der Strömung, die jeden Sexualkontakt zwischen Erwachsenen und Kindern als Mißbrauch betrachtet, auch eine Gruppe, die dies im Gegenteil als gesund und gar als notwendig für eine positive psychosexuelle Entwicklung ansieht.[5] Solange eine einheitliche inhaltliche Definition des Begriffs fehlt, wird dies den Fortgang und die Entwicklung von Forschung, Theoriebildung, Beratung und Prävention erheblich beeinträchtigen.

Einige wichtige Definitionen aus der Fachliteratur

Eine Definition, die in den Niederlanden bis vor kurzem verwendet wurde, ist die von Wolters (1982). Diese lautet: „Sexueller Mißbrauch bezieht sich auf sexuelle Handlungen zwischen Erwachsenen und Kindern, weil hier eine ungleiche Beziehung vorliegt; die erwachsene Person eine einseitige Machtposition innehat; die Freiheit und die Wahlmöglichkeiten des Kindes eingeschränkt sind und die Realisierung der (subjektiven) sexuellen Sehnsüchte des Erwachsenen ein wichtiges Motiv darstellt."

Oudshoorn (1988) verwendet ebenfalls diese Definition, ersetzt das Wort „weil" jedoch durch das Wort „wenn". Das führt zu einem erheblichen Bedeutungsunterschied: Die vier genannten Punkte sind dann nicht mehr kennzeichnend für sexuelle Handlungen zwischen Erwachsenen und Kindern überhaupt, sondern verwandeln sich in Voraussetzungen, unter denen solche sexuellen Handlungen zu sexuellem Mißbrauch werden. In seinen Publikationen erweckt Wolters übrigens selbst den Eindruck, mit „weil" „wenn" zu meinen, etwa wenn er schreibt: „Tatsächlich geht es darum, *ob* Kinder von Älteren offen oder verhüllt ausgebeutet werden."[6] Er bezieht jedoch deutlich Stellung gegen den Gedanken, daß sexuelle Erfahrungen in früher Jugend gesund und notwendig für eine positive psychosexuelle Entwicklung seien. Sexuelle Handlungen zwischen Erwachsenen und Kindern werden, so Wolters, im Zweifelsfall immer eher schädlich als gut sein.

Draijer (1988) versteht unter sexuellem Mißbrauch von Mädchen durch Angehörige „Sexualkontakte von Verwandten oder zum Haus gehörenden Personen mit einem Mädchen unter 16 Jahren, die gegen ihren Willen stattfinden, und wobei sie – infolge eines körperlichen oder beziehungsbedingten Übergewichts, emotionalen Drucks oder infolge von Zwang und Gewalt – nicht das Gefühl hat oder gehabt hat, die Sexualkontakte verweigern zu können." (S. 70) Unter „Sexualkontakten" versteht sie „alle tatsächlichen sexuellen Berührungen – vom Berühren oder Berührenlassen der Brüste und Genitalien, Küssen mit sexuellen Absichten bis einschließlich zur Geschlechtsgemeinschaft (vaginal, oral oder rektal, oder dem Eindringen mit Gegenständen oder Fingern, vaginal oder rektal). Nicht unter diese Definition fallen das Drängen auf Sexualkontakt oder das Zeigen oder sich Zeigenlassen von Genitalien."

In Draijers Definition finden wir eine klare und ausführliche Beschreibung „sexueller Handlungen", wie sie in Wolters Definition fehlt. Auch wird hier eine Altersgrenze angegeben. Die sogenannten „Erfahrungen ohne Körperkontakt" fallen bei Wolters unter die Definition, sind bei Draijer jedoch explizit ausgeschlossen. Obwohl Draijers Definition sich strenggenommen auf Mädchen als Opfer und Verwandte als TäterInnen bezieht, dient diese häufig als Modell für andere, allgemeinere Definitionen sexuellen Mißbrauchs.

Wie gesagt, kursieren in der Fachliteratur sehr viele Definitionen sexuellen Mißbrauchs. Sie alle aufzuzählen hätte wenig Sinn, doch muß die von Sarrel und Masters (1982) hier genannt werden. Das Außergewöhnliche daran ist, daß die beiden Autoren sich auf den sexuellen Mißbrauch von Jungen und Männern beziehen. Sie unterscheiden bei ihrer Begriffsdefinition zwischen „sexueller Mißhandlung" *(sexual assault)* und „sexuellem Mißbrauch" *(sexual abuse)*. Sexuelle Mißhandlung liegt ihnen zufolge bei sexuellen Begegnungen vor, bei denen ein Mann oder Junge unter Androhung physischer Gewalt gezwungen wird, sich an einer von ihm ungewollten sexuellen Aktivität zu beteiligen. Sexueller Mißbrauch liege vor, wenn der sexuell mißbrauchte Mann nicht offen bedroht, sondern vielmehr von (weiblicher) psychosozialer Dominanz oder sexueller Verführung überwältigt worden sei.

Der Begriff „sexueller Mißbrauch" in diesem Buch

Es gibt viele Definitionen sexuellen Mißbrauchs in der Fachliteratur. Deshalb erscheint es nützlich, sich für eine Definition zu entscheiden, die möglichst viele der verfügbaren Informationen enthält und zugleich klar genug ist, eine sinnvolle Unterscheidung zwischen dem zu ermöglichen, was zu sexuellem Mißbrauch zu rechnen ist und was nicht.

Unter sexuellem Mißbrauch wird in diesem Buch verstanden: Die Situation, in der ein Kind unter sechzehn Jahren von einer anderen Person zur Ausführung und/oder zur Hinnahme sexueller Handlungen gebracht wird, während das Kind dies nicht wünscht beziehungsweise nicht imstande ist, über die Situation zu entscheiden und sie zu kontrollieren. Dies kann geschehen durch körperlichen und/oder psychischen Zwang, körperliche Gewalt, Irreführung, Betäubung mit Rauschmitteln, Bestechung, emotionalen Druck und/oder durch Ausnutzung eines beziehungsbedingten Übergewichts. Unter sexuelle Handlungen fallen hier Handlungen, bei denen körperlicher Sexualkontakt stattfindet, wie vaginale oder anale Penetration, aktive und passive Masturbation, passiver und aktiver Oralsex und „fondling", wie das Betasten und Streicheln von Geschlechtsteilen. Sexuelle Handlungen, bei denen kein Körperkontakt stattfindet, fallen nicht unter die Definition (wie Exhibitionismus, Voyeurismus, sexualisiertes Reden über unterschiedliche Themen, aufdringliche sexuelle Avancen, das Zeigen von pornographischem Material, Masturbation in Anwesenheit des Kindes und dergleichen). Diese Handlungen werden jeweils „beim Namen genannt". Der Begriff „sexueller Mißbrauch" wurde wegen seiner Geläufigkeit gewählt und weil die ursprüngliche Bedeutung des Wortes „Mißbrauch", nämlich ein Kind aus Eigeninteresse auf uneigentliche Weise zu benutzen, hier zutreffend ist.

Zuletzt ist es wichtig, sich vor Augen zu halten, daß mit „sexuellem Mißbrauch" ein Ereignis oder eine Reihe von Ereignissen gemeint ist, nämlich der sexuelle Mißbrauch selbst. Das ist etwas anderes als die Folgen und Störungen, die sich aus dem Mißbrauch ergeben können. Der Begriff „sexueller Mißbrauch" wird jedoch häufig verwendet, um beides zu umschreiben, mitunter sogar für die Gesamtheit der Folgeschäden, die mit der Erfahrung des sexuellen Mißbrauchtseins assoziiert wird.

Weshalb Klarheit so wichtig ist

Sexueller Mißbrauch ist ein kompliziertes und sehr kontrovers diskutiertes Thema. Unterschiede sowie Unklarheiten in den Definitionen machen es oft schwer, Forschungsergebnisse zu beurteilen und miteinander zu vergleichen. In mehr als der Hälfte der Publikationen zu sexuellem Mißbrauch wird keine Definition oder lediglich eine vage Umschreibung des verwendeten Begriffs gegeben. Die unterschiedlichen Auffassungen von sexuellem Mißbrauch werden aber den Aufbau entsprechender Studien und damit deren Ergebnisse stark beeinflussen. So legen diese Auffassungen teilweise schon vorab fest, unter welchen Menschen die Untersuchung stattfinden wird. Ein deutliches Beispiel sind Russell (1986), die ihre Studie ankündigt als eine Untersuchung über eine bestimmte Form von Verbrechen *(crime),* oder Rijnaarts (1987), die sexuellen Mißbrauch und Inzest „Töchtervergewaltigung" nennt. Sehr wahrscheinlich werden diese Umschreibungen weitgehend bestimmen, welche Menschen sich für die Studie melden oder anwerben lassen.

Auch in der Beratungspraxis spielt das Definitionsproblem eine Rolle. Schließlich beeinflußt das, was wir unter sexuellem Mißbrauch verstehen, wesentlich die Diagnosestellung, die angebotene Beratung/Therapie, die Haltung der professionellen HelferInnen gegenüber den KlientInnen sowie die Gruppe von KlientInnen, die zur Beratung zugelassen wird oder sich von dieser angesprochen fühlt.

Da ein Konsens über die Definition sexuellen Mißbrauchs vorläufig unerreichbar scheint, ist die einzige Möglichkeit, weiterer Verwirrung zuvorzukommen oder diese weitgehend auszuräumen, daß jede Autorin und jeder Autor sich klar zu der verwendeten Definition sexuellen Mißbrauchs äußert. Jede Veröffentlichung zu diesem Thema müßte als Standardvoraussetzung eine klare, genau spezifizierte Begriffsdefinition enthalten.

Häufigkeit sowie Art des Mißbrauchs und die TäterInnen

Wie oft kommt sexueller Mißbrauch vor? Wer sind die Opfer und wer die TäterInnen? In diesem Kapitel wird anhand der Fachliteratur das Bild der verfügbaren Daten umrissen. Dabei geht es um die Häufigkeit sexuellen Mißbrauchs an Jungen und Männern, das Alter der Opfer, um die sexuellen Handlungen, die sie erleben, um die Hintergründe, die eine Rolle spielen und um die Frage, wer die Ausübenden sexuellen Mißbrauchs sind.

Wie oft kommt sexueller Mißbrauch an Jungen in den Niederlanden und in anderen Ländern vor?

Probleme bei der Feststellung der Häufigkeit

Es ist schwer festzustellen, wie oft sexueller Mißbrauch an Jungen vorkommt. Auf zwei Gebieten ergeben sich hierbei Probleme. Das sind zum ersten Probleme im Zusammenhang mit der *Untersuchungsmethode,* etwa Definition und Operationalisierung derselben oder die Art der Untersuchung. Zweitens ergeben sich Probleme auf seiten der *Opfer.*

Mögliche Fragen hinsichtlich der Untersuchungsmethode sind unter anderem: Was wird unter „sexuellem Mißbrauch" verstanden? Was ist die obere Altersgrenze der Opfer, wenn man von sexuellem Mißbrauch spricht? Und liegt auch dann sexueller Mißbrauch vor, wenn der Täter oder die Täterin nicht oder nicht wesentlich älter oder sogar jünger ist als das Opfer? Die Antwort auf diese und andere damit zusammenhängende Fragen wird in hohem Maß das Untersuchungsergebnis und damit die festgestellte Häufigkeit sexuellen Mißbrauchs bestimmen. Wie die gewählte Definition operationalisiert oder ausgearbeitet wird, beeinflußt die Untersuchung ebenfalls. Welche Fragen werden den untersuchten Personen gestellt? Was wird als Anzeichen oder Beweis für sexuellen Mißbrauch angesehen? Unterschiede in Definition und Operationalisierung können bei vergleichbaren Untersuchungsgruppen zu mehr als zehnprozentigen Unterschieden in der Häufigkeit sexuellen Mißbrauchs führen.[1]

Ein zweites Problem liegt in dem geringen zahlenmäßigen Umfang der meisten Studien. In den Niederlanden sind die Stichproben selten größer als 250 Männer oder Jungen. Oft handelt es sich dabei auch noch um spezifische gesellschaftliche Gruppen wie Studenten oder Menschen, die sich bei irgendeinem sozialen Dienst gemeldet haben, mit anderen Worten um Gruppen von Menschen, die für die Bevölkerung insgesamt nicht repräsentativ sind. In der Fachliteratur finden sich Hinweise, daß die Häufigkeit sexuellen Mißbrauchs an Jungen unter den verschiedenen gesellschaftlichen Gruppen und (Sub-)Kulturen nicht gleich verteilt ist. Außerdem liegt immer ein hoher „Nicht-Responder"-Prozentsatz vor – das ist der Prozentsatz derjenigen in einer ausgewählten Forschungsgruppe, die nicht auf eine Einladung reagieren, an einer Studie über sexuellen Mißbrauch teilzunehmen. Bisher ist es nicht gelungen, ein Anwerbeverfahren für zu untersuchende Personen zu entwickeln, das alle Bevölkerungsgruppen gleichermaßen erreicht und zu einem niedrigen „Nicht-Responder"-Prozentsatz führt.

Drittens ist der retrospektive Charakter der meisten Studien problematisch. Strenggenommen wird nicht untersucht, wie häufig sexueller Mißbrauch vorkommt, sondern wie viele Menschen zum Zeitpunkt der Studie sexuelle Erfahrungen aus ihrer Jugend als sexuellen Mißbrauch bezeichnen, beziehungsweise bei wie vielen Menschen die sexuellen Jugenderfahrungen von den Untersuchenden als sexueller Mißbrauch benannt werden. Das dabei verwendete (unzulängliche) Kriterium ist, ob die betreffende Erfahrung *gegenwärtig* als angenehmer oder unangenehmer, als freiwillig oder unfreiwillig eingegangener Sexualkontakt angesehen wird. Es ist noch nicht ausreichend klar, ob und inwieweit diese Faktoren die Häufigkeitszahlen in die Höhe schrauben oder im Gegenteil verringern.

Auch auf seiten der Opfer ergeben sich Probleme. Wie gesagt ist die Zahl der Menschen, die bei Studien über die Häufigkeit sexuellen Mißbrauchs nicht reagieren, sehr groß. Dabei bleibt unklar, ob Menschen deshalb nicht reagieren, weil das Problem sie so wenig oder im Gegenteil so sehr berührt, daß die Teilnahme an einer derartigen Untersuchung zu bedrohlich würde. Es ist durchaus verständlich, daß die Motivation, an einer solchen Untersuchung teilzunehmen, bei längst nicht allen gleich stark ist. Sexualität ist noch immer ein weit verbreitetes gesellschaftliches Tabu, und es gibt viel Scham und Verlegenheit, darüber zu sprechen. Sexueller Mißbrauch kommt nach Meinung vieler WissenschaftlerInnen bei Jungen viel seltener ans Licht, als er tatsächlich stattfindet. Dies hat mehrere Gründe. Erstens das *stereotype (kulturelle) Männerbild:* Einerseits wird von einem Jungen erwartet, daß er sich nicht überwältigen und mißbrauchen läßt. Er hat sich zu widersetzen und zu wehren. Zu Unrecht wird oft angenommen, der Junge habe den Sexualkontakt selbst gewollt, ihn als angenehm empfunden und vielleicht selbst eine aktive Rolle dabei gespielt. Letzteres gilt vor allem dann, wenn eine Frau den Mißbrauch begeht. Andererseits bedeutet sexuelles Mißbrauchtsein für einen Jungen einen enormen Eingriff in sein männliches Identitätserleben. Selbstbeschuldigung oder die Angst vor der Stigmatisierung durch andere – unter anderem die Angst, für homosexuell gehalten zu werden – sorgen häufig dafür, daß der sexuell mißbrauchte Junge niemandem von seinen Erfahrungen erzählt. In der Studie von Johnson und Shrier (1987) gab kein einziger Junge unter 14 Jahren und lediglich ein einziger zwischen 14 und 17 Jahren sexuellen Mißbrauch an – und das, obwohl die meisten männlichen Opfer vor dem oder um das 10. Lebensjahr mißbraucht werden. Das stereotype Männerbild wirkt sich offenbar zweifach aus: Opfer melden sich weniger leicht zu Wort, und wenn sie es doch tun, wird ihnen häufig nicht geglaubt.

Zweitens *fällt es männlichen Opfern schwer, ihre Erfahrungen als sexuellen Mißbrauch zu bezeichnen.* Sexueller Mißbrauch kann eine sehr verwirrende Erfahrung sein, vor allem, wenn es um sexuelle Spiele geht, auf die zunächst freiwillig eingegangen wurde, die jedoch später in ungewollte und als unangenehm erfahrene sexuelle Handlungen umgeschlagen sind. Das Erdulden sexueller Handlungen kann eine Erektion und sexuelle Erregung zur Folge haben, trotz des Umstandes, daß der Junge diese Handlungen nicht als schön empfindet. Die meisten Opfer werden mißbraucht, ohne daß dabei körperliche Gewalt eingesetzt wird. Statt dessen werden sie vom Täter oder von der Täterin in einer Weise angegangen, daß sie es nicht wagen, sich gegen den Mißbrauch zu wehren oder nein zu sagen. Das führt zu Verwirrung: Der Junge weiß nicht mehr, ob er den Kontakt nun selbst gewollt hat oder nicht. Damit wird es für ihn sehr schwer, seine Erfahrungen als „Mißbrauch" zu bezeichnen. Könnte er das, fiele es ihm womöglich leichter, sich an Beratungsstellen oder die Polizei zu wenden. Oft verstärken TäterInnen die Verwirrung, indem sie bei den Jungen den Eindruck erwecken, diese hätten den Sexualkontakt selbst gewollt oder als angenehm empfunden. Eine eventuelle Erektion oder Ejakulation bei dem Jungen wird von TäterInnen als entsprechender „Beweis" angeführt. Oft gewähren TäterInnen auch Belohnungen und Vergünstigungen im Tausch für den Sexualkontakt. Dadurch fühlen sich die sexuell mißbrauchten Jungen allmählich schuldig oder zumindest mitschuldig an dem Mißbrauch, was es noch einmal schwerer macht, diesen als solchen zu benennen.

Drittens herrscht *Angst vor den Folgen einer Aufdeckung.* Eine große Zahl mißbrauchter Männer wie Frauen schweigt aus Angst vor der Rache des Täters oder der Täterin. Sehr oft werden ihnen körperliche Gewalt angedroht oder andere Formen der Vergeltung, wenn sie „das Geheimnis" verraten. Auch können TäterInnen mit Selbstmord drohen. Wenn ein Familienmitglied (insbesondere der Vater oder die Mutter) der Täter ist, besteht die Angst, daß die Familie auseinanderbricht oder daß der Junge selbst des Hauses verwiesen wird. Das Opfer hält seine Erfahrungen dann lieber geheim, um so dieser großen, drohenden Gefahr zu entgehen. Auch besteht die Angst, der Familie und dem Umfeld gegenüber in Schande dazustehen, wenn der Mißbrauch bekannt wird.

Viertens sind *soziale Dienste und Justiz schwer zugänglich.* Viele sexuell mißbrauchten Jungen und Männer wagen es nicht, sich mit ihren Erfahrungen an soziale Dienste und Polizei zu wenden. Die Reaktion auf ihre Erfahrungen ist oft Ungläubigkeit oder Nichtwahrhabenwollen. Das kommt Jungen gegenüber noch häufiger vor als bei Mädchen, weil sexueller Mißbrauch an Jungen weniger bekannt ist. Bei großen Teilen der Bevölkerung herrschen überdies stereotype Denkmuster wie: „Wer zur Polizei geht, hat bestimmt etwas falsch gemacht oder ist in kriminelle Angelegenheiten verwickelt." Viele haben Angst, dort gesehen zu werden. Daneben gibt es die Angst, daß einem nicht geglaubt wird und daß man nur wenig – vielleicht zu wenig – anführen kann, um den Mißbrauch zu beweisen. Überdies widerstrebt es vielen Opfern außerordentlich, Fremden gegenüber die gesamte Geschichte erzählen zu müssen, besonders wenn es sich um eine derart heikle und „beschämende" Angelegenheit handelt wie sexuellen Mißbrauch. Auch haben viele Leute wenig Vertrauen, daß Beratungsstellen und Justiz etwas für sie tun könnten. Nicht zuletzt ist es für manche sexuell mißbrauchten Jungen ein bedrohlicher Gedanke, irgendwo entsprechend registriert zu sein. Es gibt also viele Faktoren, welche die Zahlen bezüglich der Häufigkeit sexuellen Mißbrauchs, wie sie sich aus verschiedenen Studien ergeben, beeinflussen können. Meistens verringern diese Faktoren derartige Zahlen. Die Möglichkeit einer Erhöhung der Häufigkeitszahl, weil Jungen oder Männer vielleicht einen sexuellen Mißbrauch angeben, der nicht stattgefunden hat, kann nach Giaretto (1979, zit. n. Summit 1983) weitgehend vernachlässigt werden. Lediglich bei 0,2 bis 0,3 Prozent der Meldungen stellte sich heraus, daß die Behauptung, sexuell mißbraucht worden zu sein, falsch war.

Zahlen und Schätzungen bezüglich der Häufigkeit sexuellen Mißbrauchs

In den Niederlanden sind einige Studien zur Häufigkeit sexuellen Mißbrauchs bei Jungen und Männern durchgeführt worden. 1975 fand Corstjens unter einer Gruppe von 224 niederländischen männlichen Studenten, daß 13,8 Prozent sexuelle Erfahrungen mit einem Erwachsenen gehabt hatten, als sie selbst jünger als 16 Jahre waren. Wie viele dies als sexuellen Mißbrauch empfunden haben, ist nicht klar. 1984 fand Vennix unter einer Stichprobe von 250 niederländischen Männern, daß 5 Prozent sexuellen Mißbrauch in der Jugend erlebt hatten, davon waren 4 Prozent von Männern und 1 Prozent von Frauen mißbraucht worden. Van der Mede und Slob (1984) berichteten von 2 Prozent unter einer

Stichprobe von 172 männlichen Medizinstudenten. Draijer (1985) schloß auf der Grundlage einer Literaturstudie, daß bei 1,5 Prozent der Jungen sexueller Mißbrauch vorliege, beschränkte sich bei dieser Auswertung aber auf die Übergriffe, die innerhalb der Familie stattfanden.

Es existieren auch eine Reihe von Schätzungen über den Anteil von Jungen an der Gesamtzahl sexuell mißbrauchter Kinder: Nach Wolters u.a. (1982) handelt es sich bei 20 Prozent aller mißbrauchten Kinder um Jungen. Lamers-Winkelman (1987) berichtet von 22 Prozent. Gianotten (1988) gelangt auf Grund der Fachliteratur ebenfalls zu einer Zahl von 20 Prozent.

Weitaus die meisten Untersuchungen zur Häufigkeit sexuellen Mißbrauchs stammen aus den Vereinigten Staaten. Das gilt auch für spezielle Untersuchungen zu Jungen und Männern. Die älteste amerikanische Studie auf diesem Gebiet ist die von Hamilton (1929). Bei einer Stichprobe von 100 verheirateten Männern in New York fand er heraus, daß 22 Prozent „präpubertäre sexuelle Aggression" erlebt hatten. Die genannten Prozentzahlen in anderen Untersuchungen variieren von 2,5 bis 8,7 Prozent. Jedoch wurde bei diesen vielfach von unterschiedlichen Definitionen und Operationalisierungen sexuellen Mißbrauchs ausgegangen. Auch zeigt sich, daß „Bevölkerungsuntersuchungen im allgemeinen bei den männlichen Opfern höhere Prozentzahlen ergeben als Stichproben, die auf Anmeldungen basieren" (Reinhart 1987). Die Barrieren für männliche Opfer, sich zu Wort zu melden, machen sich auch hier wieder bemerkbar. Vander Mey (1986) berichtet, daß ein großer Teil der sexuell mißbrauchten Jungen erst als Opfer erkannt wird, wenn sie Schwestern haben, die sexuell mißbraucht wurden oder wenn sie später eventuell selbst zu Tätern werden.

Die Vereinigten Staaten weisen eine wechselnde Bevölkerungszusammensetzung mit jeweils differierenden gesellschaftlichen und (sub-) kulturellen Normen und Werten, vielen Unterschieden im sozialen und wirtschaftlichen Status, im Urbanisierungsgrad und anderen demographischen Faktoren auf. Die differierenden Häufigkeitszahlen in den verschiedenen Studien lassen sich zum Teil aus diesen Unterschieden erklären. In manchen Bevölkerungsteilen kommt sexueller Mißbrauch häufiger vor als in anderen (siehe auch unter „Hintergründe und Risikofaktoren" in diesem Kapitel). Der prozentuale Anteil von Jungen an der

Gesamtzahl sexuell mißbrauchter Kinder variiert von 10 bis 39 Prozent. Die meisten Studien kommen auf ungefähr 20 Prozent. Porter (1986) erwartet, daß das Verhältnis zwischen der Zahl sexuell mißbrauchter Jungen und sexuell mißbrauchter Mädchen in Richtung 1 : 1 wachsen wird. In den Vereinigten Staaten, wo jeder gemeldete sexuelle Mißbrauch registriert wird, beobachtet man eine einprozentige jährliche Zunahme der Meldungen von Jungen gegenüber den Meldungen von Mädchen. Weiter haben Studien ergeben (siehe Finkelhor 1986 und vander Mey 1988), daß ab der Pubertät im Verhältnis viel mehr Mädchen als Jungen sexuell mißbraucht werden. Wahrscheinlich würden die Zahlen sexuell mißbrauchter Jungen und Mädchen sich kaum voneinander unterscheiden, wenn man die Altersgrenze von gegenwärtig 16 Jahren – was bei Untersuchungen sexuellen Mißbrauchs die gebräuchlichste Altersgrenze ist – auf beispielsweise 10 oder 12 Jahre senken würde.

In den Vereinigten Staaten wurden bei Psychiatrie-InsassInnen auch Studien über die Häufigkeit sexuellen Mißbrauchs in deren Jugend durchgeführt. Dabei ergab sich, daß 15 bis 20 Prozent der männlichen Psychiatriepatienten in der Jugend sexuell mißbraucht worden waren.[2] Aus einer neueren niederländischen Untersuchung geht hervor, daß zwei von zehn männlichen Patienten der geschlossenen Krisenabteilung eines allgemeinen psychiatrischen Krankenhauses während ihrer Jugend sexuell mißbraucht worden sind (Nicolai 1990). Dies deckt sich mit den amerikanischen Zahlen. Sexueller Mißbrauch an Jungen und Männern ist also ein Faktor in der Psychiatrie, der entschieden Berücksichtigung verdient, da wahrscheinlich jeder fünfte bis siebte männliche Patient derartige Erfahrungen hat.

Neben US-amerikanischen Zahlen sind auch Daten aus Großbritannien, Kanada und der Bundesrepublik Deutschland (alte Bundesländer) bekannt. Diese Zahlen decken sich hinlänglich mit den niederländischen und amerikanischen Ergebnissen. Auch in diesen Ländern haben Untersuchungen ergeben, daß 2 bis 8 Prozent der männlichen Bevölkerung vor dem 16. Lebensjahr sexuell mißbraucht worden sind und daß bei der Gesamtheit der sexuell mißbrauchten Kinder der Prozentsatz männlicher Opfer zwischen 15 und 30 Prozent liegt.[3] Eine Übersicht der Häufigkeitszahlen in den verschiedenen Untersuchungen bietet Anhang 1.

Die Bedeutung von Zahlen

Obwohl die Häufigkeitszahlen mitunter beträchtlich variieren, machen sie doch einige Dinge deutlich. Erstens zeigen sie, daß sexueller Mißbrauch an Jungen und Männern ein Problem von beträchtlichem Ausmaß ist. Wenn man die niedrigsten Häufigkeitszahlen nimmt, denen zumeist die „strengsten" Definitionen zugrundeliegen, kommt man immer noch auf etwa 2 Prozent der männlichen Bevölkerung. Das würde bedeuten, daß es in den Niederlanden ungefähr 140 000 Jungen und Männer gibt, die Erfahrungen mit schweren Formen sexuellen Mißbrauchs haben. Dies beinhaltet nicht von vornherein, daß alle diese Männer auch schwer traumatisiert sind und ernste psychische Störungen davongetragen haben. Doch bedeuten diese Erfahrungen für die Opfer immer eine schwerwiegende Verletzung der persönlichen Integrität und eine Bedrohung ihres geistigen und körperlichen Wohlergehens. Klar ist, daß die professionellen HelferInnen sich auf die große Zahl sexuell mißbrauchter Jungen und Männer und auf deren Betreuung einzustellen haben. Wenn die Zahlen von Jacobson und Richardson (1987), Mills u.a. (1984) sowie Nicolai (1990) die niederländische Wirklichkeit widerspiegeln, wäre die Schlußfolgerung, daß jeder fünfte bis siebte psychiatrische Patient Erfahrung mit sexuellem Mißbrauch hat. Das bedeutet, daß fast alle professionellen HelferInnen innerhalb und wahrscheinlich auch außerhalb der Psychiatrie mit diesem Thema konfrontiert werden. Damit ist natürlich noch nicht gesagt, daß die Mißbrauchserfahrungen den Kern der Probleme dieser PatientInnen darstellen, doch werden sie in jedem Fall eine Rolle spielen, und wahrscheinlich eine wichtige.

Zum Schluß sei einiges Augenmerk auf die ungleiche Häufigkeit sexuellen Mißbrauchs an Jungen und Männern innerhalb der verschiedenen Bevölkerungsschichten verwandt. Obwohl das Phänomen in allen sozialen Schichten vorkommt, sind Jungen und Männer aus den sozial und wirtschaftlich schwächsten Gruppen in vielen Untersuchungen offenbar überrepräsentiert. Hierauf wird später in diesem Kapitel noch kritisch eingegangen werden. Weiter kann es auch regionale Unterschiede geben, ebenso Unterschiede zwischen verschiedenen ethnischen und (sub-) kulturellen Gruppen. Eine landesweite Häufigkeitszahl besagt nur wenig, solange diese Unterschiede nicht untersucht und dargestellt worden sind.

Das Alter, in dem Jungen sexuell mißbraucht werden

Jungen jeglichen Alters, sogar Babys, können zu Opfern sexuellen Mißbrauchs werden. Das durchschnittliche Alter, in dem Jungen mißbraucht werden, unterscheidet sich von Studie zu Studie beträchtlich.
So nennt die eine ein Durchschnittsalter von etwa 4 Jahren, andere stellen ein Alter zwischen 7 und 8 Jahren fest. Manche wiederum geben ein Durchschnittsalter von etwa 10 Jahren an. Ob Jungen zur Zeit des Mißbrauchs durchschnittlich jünger oder älter sind als Mädchen, ist ebenfalls unklar. Manche Untersuchungen geben ein niedrigeres Durchschnittsalter für Jungen als für Mädchen an, andere besagen das Gegenteil.[4]

Wie kommen diese Unterschiede zustande? Möglicherweise hat das mit dem geringen zahlenmäßigen Umfang der Untersuchungen zu tun sowie mit der geringen Meldequote sexuellen Mißbrauchs, insbesondere bei Jungen. Finkelhor (1984) beschreibt zwei Mechanismen, die das Durchschnittsalter, in dem Jungen mißbraucht werden, im Vergleich zu dem von Mädchen herabsetzen beziehungsweise niedriger erscheinen lassen. Erstens würden, so Finkelhor, die meisten Jungen von Menschen außerhalb der Familie mißbraucht. Im allgemeinen sei der Mißbrauch innerhalb der Familie langfristiger und für Außenstehende schwieriger zu entdecken. Auch meldeten Opfer sexuellen Mißbrauchs innerhalb der Familie sich weniger schnell bei Polizei oder Beratungsstellen. Die innerhalb der Familie mißbrauchten Jungen seien somit in den stichprobenhaften Untersuchungen, die die gemeldeten Fälle registrieren, unterrepräsentiert.

Jungen dagegen, die außerhalb der Familie sexuell mißbraucht würden, berichteten den Mißbrauch häufiger ihren Eltern, die ihrerseits die Polizei, die sozialen Dienste oder beide einschalteten. Nach Finkelhor sind Jungen, die außerhalb der Familie mißbraucht wurden, im Durchschnitt aber jünger als innerhalb der Familie mißbrauchte Jungen. Dergestalt wird das Durchschnittsalter, in dem Jungen mißbraucht werden, im Vergleich zu Mädchen nach unten gedrückt, denn Mädchen werden laut Finkelhor häufiger innerhalb der Familie mißbraucht.

Die zweite Erklärung, die Finkelhor für ein geringeres Durchschnittsalter sexuell mißbrauchter Jungen gibt, beschreibt die Tatsache, daß ältere Jungen sich den geltenden Männlichkeitsnormen stärker beugen als kleinere Jungen. Ältere Jungen seien deshalb viel weniger bereit, über ihr Mißbrauchtsein zu reden. Ein derartiger Prozeß spiele bei Mädchen keine Rolle.

Zu folgern ist, daß bisher nur ungenügende Informationen bezüglich des Durchschnittsalters vorliegen, in dem Jungen mißbraucht werden. Für die Niederlande gibt es sogar überhaupt keine Zahlen, ausgenommen die Studie von Wolters (1982). Das bedeutet, daß einerseits mehr und umfangreichere Forschungen nötig sind und daß andererseits etwas getan werden muß, dem Problem der geringen Meldequoten zu begegnen. Vor allem letzteres wird nicht einfach sein, obwohl landesweite Aufklärungskampagnen über sexuellen Mißbrauch und die Einrichtung leicht zugänglicher Anlaufstellen, bei denen die Opfer sexuellen Mißbrauchs sich melden können, geeignete Maßnahmen sein werden.

Hintergründe und Risikofaktoren

Auffallend ist, daß viele unterschiedliche Studien bei männlichen Opfern sexuellen Mißbrauchs die gleichen Hintergründe beschreiben. Dabei werden diese Hintergründe rasch als Risikofaktoren sexuellen Mißbrauchs genannt. Die Frage ist, ob dies zu Recht geschieht.

Den meisten AutorInnen zufolge kommt sexueller Mißbrauch an Jungen beträchtlich häufiger in den sozial und wirtschaftlich schwächsten Schichten der Bevölkerung sowie in Problemfamilien vor.[5] In Familien, in denen sexueller Mißbrauch geschieht, spielen meistens eines oder mehrere der folgenden Phänomene eine Rolle: Alkohol- und/oder Drogenmißbrauch bei wenigstens einem Elternteil; psychische Probleme bei zumindest einem Elternteil (oft ist eine/r der Eltern bereits in ambulanter oder stationärer psychiatrischer Behandlung gewesen); Mangel an Liebe und Wärme innerhalb der Familie; die Kinder werden (emotional) vernachlässigt; Kindesmißhandlung; langfristige Abwesenheit eines Elternteils; die Familie zählt nur einen Elternteil, meistens infolge von Scheidung; andere Kinder der Familie sind ebenfalls sexuell mißbraucht worden; eine/r der beiden Eltern betreibt Prostitution; mindestens eines der Familienmitglieder läßt sich kriminelles Verhalten zuschulden kommen; wenigstens ein Elternteil ist als Kind selbst sexuell mißbraucht worden; es gibt Eheprobleme zwischen den Eltern; Arbeitslosigkeit der Eltern.[6]

Auch außerhalb der Familie mißbrauchte Jungen kommen oft aus derartigen Familien. Unterstellt wird, daß diese Jungen daheim weniger soziale Kompetenzen erworben haben als andere Kinder und daß sie dadurch TäterInnen gegenüber weniger wehrhaft sind. TäterInnen suchen sich demnach diese Jungen häufiger als Opfer aus, weil sie weniger wehrhaft wirken; sie sind beispielsweise schüchtern oder einsam. Sie erscheinen als „leichte Beute", die problemlos einzuschüchtern ist. Auch kann es sein, daß diese Kinder erwartungsvoll und anhänglich auf TäterInnen reagieren, weil diese ihnen zunächst die Aufmerksamkeit und Wärme geben, die sie zu Hause nicht bekommen. Anschließend beuten TäterInnen diese Anhänglichkeit aus, um den Jungen sexuell zu mißbrauchen. Noch eine andere Möglichkeit ist, daß diese Jungen aktiv, aber auf indirekte Weise um Aufmerksamkeit und Wärme bitten, was von den TäterInnen als Einladung zu sexuellem Kontakt aufgefaßt wird.

Die genannten Hintergründe männlicher Opfer finden oft vorschnell Erwähnung als spezifische Risikofaktoren: Angeblich erhöhen sie die Gefahr eines sexuellen Mißbrauchs für Jungen. An und für sich läßt sich vieles dafür ins Feld führen. In Familien mit einer Reihe dieser Risikofaktoren herrscht häufig ein Klima, in dem persönliche Grenzen leicht und schnell verletzt werden und in dem das Kind nur schwer soziale Kompetenzen erwerben kann, die es gegenüber TäterInnen wehrhafter und selbstbewußter machen. Manchen AutorInnen zufolge existiert außerdem in diesen Familien und in den sozial und wirtschaftlich schwächsten Gruppen oft eine andere, eher „lockere" Sexualmoral. Auch gilt dort häufig das Recht des Stärkeren. Die Erwartung, daß sexueller Mißbrauch in diesen Gruppen öfter vorkommt, erscheint daher nur folgerichtig.

Es ist jedoch wichtig zu bedenken, daß nahezu alle männlichen Opfer, deren Hintergrund untersucht wurde und somit bekannt ist, zuvor mit sozialen Diensten oder mit Polizei und Justiz in Berührung gekommen waren. Menschen aus Problemfamilien und aus sozial und wirtschaftlich schwächeren Gruppen sind ohnehin überrepräsentiert unter den KlientInnen der sozialen Dienste (Carmen u.a. 1984) sowie von Polizei und Justiz (van Gent 1990), ob sie nun sexuell mißbraucht wurden oder nicht. Deshalb ist denkbar, daß die genannten Hintergrundfaktoren eher Risikofaktoren für die spätere Entwicklung psychischer und/oder sozialer Probleme sind – und damit für die Berührung mit den erwähnten Instanzen – als für sexuellen Mißbrauch. Immerhin gibt es noch überhaupt keine Einsichten bezüglich der Gruppe sexuell mißbrauchter Jungen, die nicht bei diesen Einrichtungen bekannt wird. Prinzipiell wäre es sehr gut möglich, daß es eine große, bisher unbekannte Gruppe von Opfern gibt, die nicht aus Problemfamilien oder den sozial und wirtschaftlich schwächeren Gruppen stammt und die weniger oft mit sozialen Diensten oder Polizei und Justiz in Berührung kommt.

Um einen besseren Einblick in die Risikofaktoren für sexuellen Mißbrauch an Jungen zu erhalten, werden wir zunächst mehr über diejenigen Opfer in Erfahrung bringen müssen, die nicht bei irgendwelchen Instanzen vorstellig werden. Außerdem ergibt sich aus Draijers umfangreicher und repräsentativer Untersuchung sexuellen Mißbrauchs an Frauen (1988) in bezug auf die verschiedenen sozialen und wirtschaftlichen Bevölkerungsschichten kein deutlicher Unterschied in der Häufigkeit des Mißbrauchs.

Die Art des Mißbrauchs

In der Fachliteratur läßt sich eine breite Skala sexueller Handlungen finden, die Jungen bei Mißbrauch erleben. Das reicht vom Mißbrauch ohne Körperkontakt, etwa dem heimlichen Beobachten eines nackten Kindes, dem Masturbieren in Anwesenheit eines Kindes, der Exhibition über das Betasten/Streicheln der Geschlechtsteile des Kindes oder das Betasten/Streichelnlassen der Geschlechtsteile des Täters bzw. der Täterin durch das Kind bis hin zu passiver und aktiver Masturbation, passivem und aktivem Anal- oder Oralkoitus, erzwungenem Koitus mit einem weiblichen Täter oder einem Mitopfer. Bei männlichen Opfern kommen sexuelle Handlungen wie Analkoitus oder passiver und aktiver Oralkoitus häufig vor.[7] Friedrich und Luecke (1988) gaben beispielsweise bei 68,2 Prozent der von ihnen untersuchten Gruppe sexuell mißbrauchter Jungen oralen und analen Koitus an; in der Untersuchung von Friedrich u.a. (1988) kam bei 32 Prozent Analkoitus vor. Pierce und Pierce (1985a) fanden Oralkoitus bei 52 Prozent. Jungen sind, mehr als Mädchen, häufig mehreren verschiedenen sexuellen Handlungen ausgesetzt (vander Mey 1988; Gianotten 1988). Pierce und Pierce (1985b) behaupteten, daß bei 92 Prozent der von ihnen untersuchten Jungen drei oder mehr verschiedene sexuelle Handlungen während des Mißbrauchs stattfanden. Öfter als bei Mädchen sind dazu mehrere TäterInnen in den Mißbrauch verwickelt. Jungen werden mitunter auch prostituiert und werden dann mit einer großen Zahl verschiedener sexueller Handlungen konfrontiert. Die amerikanischen Organisationen der Kinderprostitution, die „Sex-Ringe", sind in dieser Hinsicht berüchtigt. In den Niederlanden ist die Prostitution von Jungen übrigens auch kein unbekanntes Phänomen. Sadomasochistische Handlungen kommen ebenfalls vor, sind jedoch relativ selten.[8]

Oft geschieht es auch, daß Jungen zu aktivem vaginalen Koitus mit einer weiblichen Täterin oder einem Mitopfer gezwungen werden. Viele Menschen, darunter auch professionelle HelferInnen und WissenschaftlerInnen, halten dies für unmöglich, denn sie glauben, Jungen und Männer könnten im Fall von Mißbrauch keine Erektion bekommen, weil sie dann Angst haben oder sich psychisch unwohl fühlen. Sie meinen, daß Jungen und Männer nur dann eine Erektion bekämen, wenn sie das selbst wollten. Außerdem wird häufig angenommen, daß kleine Jungen (unter 8 Jahren) noch keine Erektion bekommen könnten. Diese Auffassungen sind unrichtig. Viele Untersuchungen zeigen auf, daß Jungen und Männer sehr wohl eine ungewollte Erektion bekommen können, auch in Situationen, in denen Gefühle von Angst, Ekel und Machtlosigkeit eine Rolle spielen. Das geschieht durch physische Stimulation. So kann auch eine Ejakulation stattfinden, manchmal mehrere Male hintereinander. Auch bei sehr kleinen Jungen (jünger als 8 Jahre) wurden Erektionen beobachtet.[9]

Alle diese sexuellen Handlungen, wobei analer, oraler und vaginaler Koitus und passive und aktive Masturbation die Mehrheit bilden, kommen bei sexuellem Mißbrauch sowohl durch Männer als auch durch Frauen vor, und zwar ebenso bei sexuellem Mißbrauch innerhalb wie außerhalb der Familie.

Über die Frage, ob körperliche Gewalt eine Hauptrolle bei sexuellem Mißbrauch an Jungen spielt oder nicht, besteht in der Fachliteratur große Uneinigkeit. Neben AutorInnen, die behaupten, daß Jungen im allgemeinen unter Anwendung oder Androhung von körperlicher Gewalt mißbraucht werden, finden sich andere, die behaupten, Jungen würden im Gegenteil meistens unter Ausnutzung einer psychischen oder beziehungsbedingten Machtposition mißbraucht, beispielsweise durch die Ausbeutung einer Versorgungsbeziehung mit dem Kind, durch Irreführung, Erpressung oder durch Betäubung mit Alkohol oder Drogen. Auch herrscht in der Fachliteratur Uneinigkeit darüber, ob Jungen häufiger als Mädchen gewaltsam mißbraucht werden oder nicht.

Mißbrauch kann auch als „normales" sexuelles Spiel anfangen, sich jedoch nach und nach zu einem ungewollten und unangenehmen Sexualkontakt entwickeln, in dem der Junge alle Macht und jeglichen Einfluß auf die Situation verloren hat. Klar ist jedenfalls, daß sexueller Mißbrauch an Jungen nicht nur im Hinblick auf die sexuellen Handlungen sehr unterschiedlich sein kann, sondern auch hinsichtlich der Art, wie Jungen zu dem Sexualkontakt gebracht werden.[10]

Viele Jungen werden über längere Zeit hinweg regelmäßig mißbraucht. Das kann von einigen Monaten bis mitunter gar zu 10 bis 12 Jahren reichen. In welcher Häufigkeitsverteilung der Mißbrauch einmalig bleibt oder über einen längeren Zeitraum hinweg stattfindet, läßt sich schwer sagen. Die Untersuchungsergebnisse unterscheiden sich auch hier wieder. Zwar überwog anfänglich die Meinung, Jungen würden häufiger einmalig mißbraucht als Mädchen, doch wird dieser Standpunkt mehr und mehr aufgegeben. Das kann mit der wachsenden Zahl innerhalb der Familie sexuell mißbrauchter Jungen zusammenhängen, die entdeckt wird. In diesen Fällen ist der Mißbrauch meist von längerer Dauer.

Es ist klar, daß Erfahrungen sexuellen Mißbrauchtseins sehr unterschiedlich und kompliziert sein können. Jungen können auf sehr verschiedene Weise mißbraucht werden. Daneben gibt es eine große Vielfalt an Definitionen des Begriffs „sexueller Mißbrauch", wobei die Frage aufkommt, welche Erfahrungen in welche Definitionen passen und welche Erfahrungen in den verschiedenen Definitionen nicht erfaßt sind. Dieses Problem ist von großer Bedeutung für den Erwerb von Wissen und für die Theoriebildung über sexuellen Mißbrauch. Jede Entscheidung für eine bestimmte Definition beinhaltet gegebenenfalls, daß bestimmte Arten von Erfahrungen zu Unrecht mitgerechnet oder außer acht gelassen werden. Weiter gefaßte Definitionen erhöhen das Risiko, daß sexuelle Erfahrungen ohne Mißbrauchscharakter miteingeschlossen sind, wie zum Beispiel sexuelle Erfahrungen, die zwar gewollt waren, aber doch als unangenehm empfunden wurden. Andererseits wächst mit allzu eingeschränkten Definitionen die Gefahr, daß sexuelle Erfahrungen mit einem deutlichen Mißbrauchscharakter ausgeklammert bleiben, obwohl sie in vielerlei wesentlichen Punkten mit Erfahrungen übereinstimmen, die der Definition zufolge in die Untersuchung gehören.

Die Entscheidung für eine bestimmte Definition ist immer auch eine Vorauswahl der zu untersuchenden Gruppe. Diese Vorauswahl wiederum ist von wesentlicher Bedeutung für die Untersuchungsresultate und die sich daraus ergebende Theoriebildung. Eine Definition, die eine möglichst repräsentative Stichprobe erlaubt, setzt ein genaues Wissen um die große Unterschiedlichkeit sexueller Mißbrauchserfahrungen voraus.

Diese große Verschiedenartigkeit hat noch eine weitere Konsequenz für die Theoriebildung. Es ist wahrscheinlich wenig sinnvoll, nach einem mehr oder weniger fest umrissenen Muster möglicher psychischer und psychosomatischer Störungen infolge sexuellen Mißbrauchs zu suchen. Nicht nur die Mißbrauchserfahrungen werden unterschiedlich sein – die Menschen, die sie erleben, sind es gewiß. So kann man erwarten, bei den Opfern von sexuellem Mißbrauch eine große Vielfalt an Störungen vorzufinden (siehe Kapitel 3). Hier ist es besser, eine Prozeßbeschreibung zu erstellen, die aufzeigt, wie verschiedene Erfahrungen mit der Entwicklung verschiedener Störungen zusammenhängen können.

Schließlich gibt es, wenn es um Art und Verschiedenartigkeit sexuellen Mißbrauchs geht, in der Praxis eine Überlappung von sexuellem Mißbrauch und anderen unangenehmen, eventuell schädlichen sexuellen Erfahrungen. Erfahrungen, die sich in diesem Zwischenbereich befinden, werden dann einzig anhand theoretischer Kriterien als sexueller Mißbrauch betrachtet oder nicht. Oft wird die Schädlichkeit des Sexualkontakts als Kriterium zugrunde gelegt, wobei davon ausgegangen wird, daß sexueller Mißbrauch *per definitionem* schädlich ist, während andere negative sexuelle Erfahrungen das nicht unbedingt sein müßten. Doch so simpel ist das nicht. Es ist zu einfach, zu sagen, Mißbrauch sei *per definitionem* schädlich und andere negative sexuelle Erfahrungen seien dies nicht. Mißbrauchserfahrungen können auf die Dauer sowohl schädlich als auch unschädlich sein, und dasselbe gilt für andere sexuelle Erfahrungen.[11] Es hängt davon ab, wie die Person, die derartiges erlebt, dies verarbeitet. Eventuelle schädliche Auswirkungen stehen nicht nur im Zusammenhang mit der Art der Erfahrung, sondern auch mit der Persönlichkeit. Welches und wieviel Leid kann ein Mensch ertragen? Wie geht dieser Mensch mit negativen Erfahrungen um? Was ist über Hintergrund und Umfeld der Person bekannt? Außerdem beeinflussen diese Faktoren sich wiederum gegenseitig, wie aus den folgenden Kapiteln ersichtlich werden wird.

Förderlich für die Wissensentwicklung auf diesem Gebiet wäre es, wenn man nicht nur die Mißbrauchserfahrungen (nach welcher Definition auch immer) betrachten, sondern auch andere (negative) sexuelle Erfahrungen in Forschung und Theoriebildung miteinbeziehen würde.

Wer sind die TäterInnen?

Das Geschlecht der TäterInnen

Vor einigen Jahren dachte man noch, sexuellen Mißbrauch an Jungen begingen nahezu ausnahmslos Männer. Dies ändert sich in den letzten Jahren zusehends. Je mehr das Wissen auf diesem Gebiet zunimmt, wächst auch die Einsicht, daß Frauen als Täterinnen beträchtlich an sexuellem Mißbrauch von Jungen beteiligt sind. Doch die Höhe des Prozentanteils von Frauen schwankt von Untersuchung zu Untersuchung. Manche AutorInnen finden ausschließlich Männer als Täter, andere ermitteln einen Prozentsatz von zwischen 60 und 90 Prozent. Wieder andere finden ungefähr ebenso viele weibliche wie männliche TäterInnen. Schließlich gibt es auch AutorInnen, die auf eine Mehrheit von Täterinnen stießen.[12] Dennoch hat es vorläufig den Anschein, daß die meisten TäterInnen männlichen Geschlechts sind, wenn man auch den Anteil von Frauen nicht vernachlässigen sollte. Von Frauen mißbrauchte Jungen können in den verschiedenen Untersuchungen unterrepräsentiert sein, weil sie ihre Erfahrungen weniger häufig als „Mißbrauch" bezeichnen als Jungen, die von einem Mann mißbraucht wurden. Dies ist eine Folge des stereotypen Männerbildes in unserer Kultur. Jungen und Männer empfinden es meistens als sehr erniedrigend und „unmännlich", von einer Frau „übermannt" worden zu sein. Außerdem wird das sexuelle Mißbrauchtsein durch eine Frau vom Opfer, aber auch von WissenschaftlerInnen und professionellen HelferInnen weniger bereitwillig als solches bezeichnet. Dem Stereotyp zufolge haben Jungen und Männer Sex mit einer Frau immer schön zu finden.

Die Beziehung zwischen TäterInnen und Opfer

Meistens wird angenommen, daß Jungen öfter außerhalb als innerhalb der Familie mißbraucht werden. Immer mehr stellt sich jedoch heraus, daß sexueller Mißbrauch an Jungen auch innerhalb der Familie stattfindet. Auch in der Fachliteratur läßt sich diesbezüglich eine deutliche Verschiebung wahrnehmen.

Hier stellen sich zwei Probleme: Erstens werden häufig unterschiedliche Definitionen des Begriffs „Familie" *(„family")* verwendet. Dies kann Anlaß zu Mißverständnissen und Fehlinterpretationen geben. Unter „Familie" wird hier die „Kernfamilie" verstanden: Mutter, Vater, Schwestern, Brüder, Stiefmutter und Stiefvater. Andere Verwandte werden mit dem Begriff „Verwandtschaft" bezeichnet oder beim Namen genannt. Zweitens berichten manche AutorInnen, daß „Jungen häufiger außerhalb der Familie mißbraucht werden". Dabei ist jedoch nicht klar, ob die Autorin bzw. der Autor meint, daß Jungen mehr als Mädchen außerhalb der Familie mißbraucht werden oder ob Jungen öfter außerhalb als innerhalb der Familie mißbraucht werden. Vielfach ist das erstere gemeint, während der Eindruck erweckt wird, es gehe hier um letzteres.

Wieder sind, wenn es um sexuellen Mißbrauch von Jungen innerhalb und außerhalb der Familie geht, die Prozentzahlen in der Fachliteratur widersprüchlich. Manche AutorInnen behaupten, Jungen würden vornehmlich außerhalb der Familie mißbraucht. Die Zahlen, die dabei genannt werden, reichen von 53 bis 85 Prozent. Andere AutorInnen finden wiederum höhere Anteile von Mißbrauch innerhalb der Familie, und zwar bis um die 80 Prozent.[13] Bemerkenswert ist, daß Finkelhor (1981) angibt, 83 Prozent seien außerhalb der Familie mißbraucht worden, während vander Mey (1988) ebenfalls 83 Prozent nennt, jedoch als Anteil der innerhalb der Familie mißbrauchten Jungen. Weitere Untersuchungen werden bezüglich dieser Widersprüche Klarheit schaffen müssen. Fast alle AutorInnen sind sich jedoch darüber einig, daß Jungen mehr als Mädchen außerhalb der Familie mißbraucht werden.

Die TäterInnen sind im allgemeinen Bekannte des Opfers; das gilt auch für TäterInnen außerhalb der Familie. Nur selten handelt es sich dabei um Unbekannte. Der Anteil unbekannter TäterInnen in den untersuchten Gruppen überschreitet nahezu nie 20 Prozent. Innerhalb der Familie werden meistens der Vater und der Stiefvater als Täter genannt.[14] Rogers und Terry (1984) sowie Weinberg (1955) widersprechen dem jedoch. Auch Drion (1989) fand wenige Väter und Stiefväter unter den Tätern. In den von ihm untersuchten Gesprächsprotokollen des Groninger Kinder- und Jugendtelefons waren die TäterInnen hauptsächlich die Mutter und die ältere Schwester. Auch vander Mey (1988) gelangt zu einer beträchtlichen Zahl von Müttern und Vätern, die TäterInnen sind. Nach Nielson (1983) wiederum ist Mutter-Sohn-Inzest jedoch selten. Maisch (1972) beschreibt auch Fälle, in denen beide Eltern ihren Sohn mißbrauchten. Brüder und Schwestern werden selten als größte Tätergruppe genannt, doch auch sie begehen häufig sexuellen Mißbrauch. Außerhalb der Familie stellen Babysitter mitunter eine wichtige Tätergruppe dar.[15] Daneben werden weiterhin FreundInnen der Familie, Jungen aus der Nachbarschaft, Onkel und Tanten, Großväter und Großmütter genannt. Klar wird dabei jedenfalls, daß Jungen von den unterschiedlichsten Menschen mißbraucht werden können, mit denen eine irgend geartete Beziehung besteht. Es hat darum wenig Sinn, eine bestimmte Gruppe von TäterInnen, beispielsweise Väter, Mütter oder Babysitter, herauszufischen und als größte Tätergruppe zu bezeichnen. Das könnte dazu führen, daß diese Gruppe zum Sündenbock für das Problem gemacht wird und andere Tätergruppen darüber in Vergessenheit geraten.

Das Alter der TäterInnen

Die meisten Untersuchungen beziehen sich auf Erwachsene oder auf TäterInnen, die wenigstens 5 Jahre älter sind als das Opfer. Dadurch bleibt verborgen, daß manche von ihnen AltersgenossInnen des Opfers sind. Wenn auch die meisten Erwachsene sind, gibt es unter den TäterInnen auch viele Jugendliche und Heranwachsende.[16] Bei Risin und Koss (1987) war fast die Hälfte der Täterinnen zwischen 14 und 17 Jahre alt (Babysitter). Bei Friedrich u.a. (1988) waren 36 Prozent der TäterInnen zwischen 12 und 16 Jahre alt, doch es gibt auch jüngere zwischen 3 und 8 Jahren. Sie mißbrauchen sowohl kleinere Kinder als auch Altersgenossen.

Tätertypen

Das stereotype Bild, das viele Leute von Menschen haben, die sexuellen Mißbrauch begehen, ist, daß es sich dabei um gefährliche und gewalttätige Menschen mit schwerwiegenden psychischen und sozialen Abweichungen handelt. Dieses Bild trifft in der Praxis jedoch meistens nicht zu. Es gibt viele unterschiedliche Arten von TäterInnen.

Zuerst eine Definition: „TäterInnen" sind Menschen (Männer wie Frauen), die Sexualkontakte mit Kindern initiieren, ohne dabei dem Kind die Möglichkeit zu geben, Einfluß auf die Art des Sexualkontakts sowie auf dessen Verlauf und Beendigung zu nehmen. Diese Definition möchte den theoretischen Konflikt umgehen, den es in der Fachliteratur bezüglich des Unterschieds zwischen sexuellem Mißbrauch, Päderastie und Pädophilie gibt. Es herrscht wenig Übereinstimmung bezüglich der Unterscheidung zwischen diesen Begriffen, daher diese eigene, pragmatische Definition des Begriffs „TäterIn".

Es gibt kein fest umrissenes Profil „des Täters" oder „der Täterin", obwohl die meisten mit Problemen zu kämpfen haben wie einem niedrigen Selbstwertgefühl, einem negativen Selbstbild, einer schlechten Kontrolle über die eigenen Impulse, Alkohol- und/oder Drogenmißbrauch, unzureichenden sozialen Kompetenzen und emotionaler Unausgeglichenheit. Diese Probleme sind an und für sich nicht nur für Menschen kennzeichnend, die sexuellen Mißbrauch begehen. Auch andere Problemgruppen weisen diese Merkmale auf. Viele TäterInnen haben eine schwierige Jugend gehabt und kommen aus problemreichen Familien.

Die meisten von ihnen wirken auf andere Menschen wie „normale Leute". So reagiert ihr Umfeld meistens auch überrascht, wenn der Mißbrauch bekannt wird. Männer, die Jungen mißbrauchen, fühlen sich selten zu erwachsenen Männern hingezogen. Auch das ist für die meisten Menschen eine Überraschung. Rossman (1980) hat eine Studie an 1000 Männern durchgeführt, die Jungen mißbraucht hatten *(„pederasts").* Anhand seiner Untersuchungen gelangt er zu fünf Typen von „Päderasten".

Erstens den *zeitweisen oder ersatzweisen Päderasten.* Dabei handelt es sich um Männer, die Sexualkontakte mit Jungen dann initiieren, wenn Frauen nicht verfügbar sind. Zweitens den *kriminellen oder ausbeutenden Päderasten.* Dieser hält Jungen zur Prostitution an und tritt selbst als Zuhälter auf. *Promiske Päderasten* bilden die dritte Gruppe. Dabei handelt es sich meistens um Männer aus den sozial und wirtschaftlich schwächeren Gruppen. Sie haben nur mit Jungen Sexualkontakte und mißbrauchen diese vornehmlich in sehr jungem bis jungem Alter. Viertens der *vorsichtige Päderast.* Hier ist von zumeist reichen Männern die Rede, die Sexualkontakte mit Jungen in geschützten, abgesicherten Situationen aufnehmen. Sie sind in der Regel sexuell nicht ausschließlich auf Jungen fixiert. Zum Schluß der *verantwortungsvolle Päderast.* Diese Männer haben aktiv keinen Sex mit Kindern, würden aber eine sich bietende Gelegenheit ergreifen. Bei ihnen existiert ein deutlicher Wunsch nach Sexualkontakten mit Kindern (Jungen).

Obwohl Rossmans Unterteilung der gesamten Tätergruppe weder die einzige ist noch wahrscheinlich die brauchbarste, vermittelt sie dennoch einen Eindruck von der Verschiedenartigkeit der Täter, wenn es um deren Absichten, Hintergründe, Motive und die Art des verübten Mißbrauchs geht.

Täterschaft kann manchmal gewisse Übereinstimmungen mit Suchtstrukturen aufweisen. Summit (1983) konstatiert, daß viele (chronische) TäterInnen ihr Verhalten bereuen und deswegen beträchtliche Schuldgefühle haben. Außerdem haben sie große Angst, daß der von ihnen verübte Mißbrauch entdeckt wird. Sie nehmen sich deshalb auch häufig vor, damit aufzuhören. Doch der Reiz des Verbotenen und die leichte Realisierbarkeit scheinen dazu zu führen, daß sie den Mißbrauch ständig wiederholen. Es entsteht eine zwanghafte, suchtähnliche Neigung, diesen fortzusetzen. Der Mißbrauch hört oft erst dann auf, wenn das Kind sich dem entzieht oder wenn er schließlich doch entdeckt wird.

Wie wir gesehen haben, begehen auch Frauen sexuellen Mißbrauch. Die Fachliteratur handelt jedoch vornehmlich von Männern als Tätern. Über Tätertypen bei Frauen ist bisher noch sehr wenig bekannt.

Sowohl bei den Anlaufstellen als auch in der Öffentlichkeit existieren große emotionale Widerstände gegen TäterInnen. Im allgemeinen werden sie als eine der „übelsten" Kategorien von Menschen betrachtet, die diesen Erdball bevölkern. Eine Behandlung der TäterInnen scheitert meistens an diesen emotionalen Widerständen. Es gibt auch viele professionelle HelferInnen, die sich weigern, TäterInnen zu behandeln.

Dennoch ist die Behandlung der TäterInnen von großer Wichtigkeit, und professionelle HelferInnen sollten aus verschiedenen Gründen auf angemessene und überzeugende Weise Hilfe bieten können. Eine Behandlung ist selbstverständlich auch für die Lösung des gesellschaftlichen Problems, das sexueller Mißbrauch darstellt, von Nutzen. Außerdem wird immer klarer, daß ausschließlich richterliches Eingreifen und die Bestrafung der TäterInnen nicht besonders effektiv sind. Und schließlich haben auch TäterInnen, wie alle Menschen, ein Recht auf Hilfe zur Lösung ihrer Probleme und auf eine Chance, den von ihnen angerichteten Schaden auszugleichen und einen neuen Anfang zu machen.[17]

Beispiele aus der Praxis

Jan

Jan ist 19 Jahre alt und vom 5. bis zum 17. Lebensjahr in verschiedenen Situationen sexuell mißbraucht worden.

Jan bezeichnet sich selbst als „Betriebsunfall". Seine Mutter ist Prostituierte, und er wurde zufällig von einem ihrer Kunden gezeugt. Herangewachsen ist er in einer Atmosphäre von Kriminalität und Prostitution. Gerade 5 Jahre alt, wurde er von seiner Mutter zur Prostitution gezwungen, wobei er oral und anal mißbraucht wurde. Auch mußte er physische Mißhandlungen erdulden. Diese Mißhandlungen brachten ihn regelmäßig ins Krankenhaus. Mit 8 Jahren wurde er nach einer Krankenhausaufnahme in einer Pflegefamilie untergebracht. Seiner alkoholkranken Mutter und deren Freund und Zuhälter wurde das elterliche Sorgerecht entzogen. In der Pflegefamilie wurde er von dem Vater und dessen Freundin mißbraucht. Bei ihnen mußte er all die sexuellen Techniken anwenden, die er von seiner Mutter gelernt hatte. Seine Pflegemutter entdeckte den Mißbrauch, blieb jedoch anscheinend gelassen und unternahm nichts. „Das müßt ihr unter euch dreien ausmachen", bekam Jan zu hören, als er mit ihr darüber reden wollte.

Mit 13 führte Jan ein Stadtstreicherdasein: Er war fast nie zu Hause und schwänzte die Schule. Eines Abends verübte er einen Einbruch in einen Supermarkt und wurde von der Polizei festgenommen. Dadurch kam seine häusliche Situation ans Licht, und er wurde in einem Kinderheim untergebracht. Seine Lebensumstände wurden dort schon bald bekannt, woraufhin er sowohl von Heimangestellten als auch von MitbewohnerInnen erneut sexuell mißbraucht wurde.

Der Mißbrauch hörte erst auf, als Jan mit 17 Jahren in ein betreutes Wohnprojekt kam. Er sagt, daß er jegliches Ziel und jeden Anhaltspunkt in seinem Leben vermisse. Menschen seien für ihn eine Bedrohung, weil sie ihn zu jeder Zeit womöglich erneut mißbrauchen können, und zwar nicht nur sexuell. Obwohl Jan eine Reihe sozialer Kompetenzen besitzt, fühlt er sich einsam: „Ich bin wie ein ruderloses Schiff im Nebel."

Erwin

Erwin ist 21 Jahre alt und kommt aus einer wohlsituierten Familie. Von seinem Vater ist er vom 7. bis zum 13. Lebensjahr regelmäßig sexuell mißbraucht worden.

Solange er sich erinnern kann, wird Erwin von seinem Vater gehänselt. Seiner Meinung nach ist Erwin kein „richtiger Kerl", sondern zu „mädchenhaft". Als Erwin 7 Jahre alt ist, legt sein Vater sich mitten in der Nacht zu ihm ins Bett. Erwin wacht davon auf, tut aber so, als schliefe er. Sein Vater fängt an, Erwins Penis zu streicheln, während er seine eigene Erektion gegen Erwins Hintern drückt und immer festere Stoßbewegungen macht. Sein Vater merkt, daß er wach ist und sich nicht wehrt: „Siehst du, daß dir das hier gefällt ... du bist ein Schwuler ... ich werde es dir schön besorgen ..." Als Erwin zu weinen beginnt und seinen Vater anfleht, damit aufzuhören, sagt dieser: „Aber du willst das doch, das hier gefällt dir. Hör auf zu heulen, ich werde dich jetzt einmal verwöhnen." Es sind vor allem die Worte seines Vaters, die Erwin in große Verwirrung stürzen. Will er es wirklich, gefällt ihm das, ist er ein Schwuler? Warum kann er nichts gegen diese Zudringlichkeiten ausrichten? Erwin fühlt sich zunehmend schuldig, schmutzig und machtlos, was noch dadurch verstärkt wird, daß er während des Mißbrauchs oft Erektionen und auch einen Orgasmus bekommt. Sein Vater bekräftigt dann wieder, daß es Erwin gefällt.

Der Mißbrauch dauert bis zu seinem 13. Lebensjahr an. Dann verläßt sein Vater die Familie, um mit einem Freund zusammenzuziehen. Ein Jahr zuvor ist er zum ersten Mal öffentlich damit an den Tag getreten, daß er homosexuell ist. Erwins Mutter will von dem Mißbrauch nichts wissen.

Koen

Koen ist 22 Jahre alt, Physikstudent und stammt aus einer Mittelschichtfamilie. Als er 13 war und in die Übergangsklasse zur Oberschule ging, ist er von zwei Männern und einer Frau sexuell mißbraucht worden.

Während der Schwimmstunden merkte er, daß die BademeisterInnen, zwei Männer und eine Frau, sehr an ihm interessiert waren. Regelmäßig machten sie ihm gegenüber Bemerkungen über sein Äußeres. Sie meinten, er hätte einen schönen und mädchenhaften Körper und ein süßes Gesichtchen. Koen empfand diese Bemerkungen als unangenehm und erniedrigend, vor allem wegen der spöttischen Art, in der sie gemacht wurden. Die BademeisterInnen lugten oft in seine Kabine, angeblich, weil er dort vielleicht „etwas Schmuddeliges" tat.

Eines Tages war die Tür einer der Umkleidekabinen defekt, und die BademeisterInnen hielten Koen zurück, weil er angeblich der Schuldige war. Alle anderen Kinder waren schon nach Hause gegangen. Die drei zwangen Koen unter dem Vorwand, er solle die defekte Tür reparieren, in den Trakt mit den Umkleidekabinen. Dort zogen sie ihm brutal die Badehose aus. Während einer der Bademeister ihn festhielt, betasteten, leckten und küßten die anderen seinen Körper, namentlich seinen Penis. Dabei wechselten sie sich gegenseitig ab. Auch mußte Koen das Geschlecht der drei Erwachsenen lecken. Zuletzt zwangen sie ihn, sich zu bücken, woraufhin die beiden Männer ihn anal mißbrauchten. Dabei taten sie ihm sehr weh. Die Frau penetrierte danach seinen After mit den Fingern und mit einer Reihe von Gegenständen, unter anderem einem Kugelschreiber. Erst als Blut aus dem After kam, hörten die drei auf. Sie befahlen ihm, sich anzuziehen und nach Hause zu gehen. Außerdem drohten sie, ihn zu ermorden, wenn er etwas über das Vorgefallene erzählen würde. Koen hat es auch niemandem erzählt. Allerdings schwänzte er fortan die Schwimmstunde. Das brachte ihm viele Strafarbeiten ein.

Die Folgen sexuellen Mißbrauchs

Zuerst werden die Folgen sexuellen Mißbrauchs bei Jungen und Männern in kurzfristige und längerfristige Folgen unterteilt. Die Übereinstimmungen und Unterschiede in den langfristigen Folgen für männliche und weibliche Opfer sexuellen Mißbrauchs kommen in diesem Kapitel ebenfalls zur Sprache. Am Schluß wird ausführlich auf die gegenwärtige Diskussion über den eventuellen Zusammenhang zwischen der Erfahrung eigenen Mißbrauchtseins und (späterem) Täterverhalten bei Jungen und Männern eingegangen.

Kurzfristige Folgen sexuellen Mißbrauchs bei Jungen

Die kurzfristigen Folgen sexuellen Mißbrauchs bei Jungen sind inzwischen recht gut untersucht worden. Auch herrscht in der Fachliteratur weitgehend Übereinstimmung darüber, was die kurzfristigen Folgen für Jungen sind. Doch ehe wir zur Erörterung dieser Folgen übergehen, seien noch einige Randbemerkungen zur Relativierung der bestehenden Daten erlaubt.

Unter „kurzfristig" wird hier der Zeitraum bis höchstens zwei Jahre nach der letzten Mißbrauchserfahrung verstanden. Die Grenze zwischen kurzfristigen und langfristigen Folgen läßt sich jedoch nicht immer klar ziehen, denn manche Jungen werden über einen Zeitraum von vielen Jahren regelmäßig sexuell mißbraucht. Diese Jungen werden wahrscheinlich innerhalb von zwei Jahren nach dem letzten Mißbrauch bereits Störungen und andere Phänomene zeigen, die meistens für die langfristigeren Folgen charakteristisch sind. In Studien, die in kurzfristige und langfristige Folgen unterteilen, bleibt diese Überschneidung nahezu immer unbeachtet.

Weiter beruht die Mehrzahl der Arbeiten auf Daten von Opfern, die bei sozialen Diensten oder der Justiz bekannt sind. Dies hat eine bestimmte Selektion zur Folge: Jungen geraten an Beratungs- oder Betreuungsdienste, weil sie häufig Störungen zeigen, die mit sexuellem Mißbrauch in Zusammenhang gebracht werden, sie können aber auch mit der Justiz in Konflikt geraten, weil sie sich delinquent verhalten. Es ist sehr gut möglich, daß es auch eine Gruppe sexuell mißbrauchter Jungen und Männer gibt, die nicht oder in geringerem Ausmaß mit sozialen Diensten oder der Justiz in Berührung kommt. Die Folgen für diese Gruppe sind bisher kaum untersucht. Sexuell mißbrauchte Jungen erzählen nahezu nie von sich aus über ihre Erfahrungen, und wenn sie darüber sprechen, geschieht das meistens erst Jahre später.

Schließlich ist das Erstellen einer Diagnose bei sehr kleinen Jungen äußerst schwierig, nicht nur was die Feststellung des Mißbrauchs, sondern auch was die Folgeschäden angeht. Diese sind nicht immer gleichermaßen sichtbar. Das bedeutet für die Forschung über den kurzfristigen Einfluß sexuellen Mißbrauchs auf kleine Jungen eine deutliche Einschränkung.

Welche kurzfristigen Folgen für Jungen finden sich in der Fachliteratur? Finkelhor (1987) nennt Angst, Depression, Wut, Feindseligkeit gegenüber anderen, Aggression und unangepaßtes sexuelles Verhalten. Andere Gefühle, die beschrieben werden, sind: Hilflosigkeit, Ohnmacht, Schuld, Scham, Frustration, Erniedrigung, das Gefühl, kein richtiger Junge bzw. Mann mehr zu sein, Einsamkeit, Stigmatisiertsein, das Gefühl, anormal zu sein, Ekel gegenüber sich selbst und dem eigenen Körper, Nervosität und Reizbarkeit.[1] Auch treten häufig somatische oder psychosomatische Störungen auf wie Bauch- und Kopfschmerzen, Einkoten, Bettnässen und Schlafprobleme. Manchmal werden körperliche Symptome verzeichnet, die eine direkte Folge des Mißbrauchs sind, etwa Verletzungen und Irritationen am After und an den Geschlechtsteilen, andere Wunden am Körper sowie Geschlechtskrankheiten.[2]

Die kurzfristigen Folgen sexuellen Mißbrauchs werden häufig in dem Gegensatzpaar *internalisierendes* und *externalisierendes* Verhalten beschrieben. Internalisieren bedeutet, daß die Aggression und Frustration infolge des erfahrenen Mißbrauchs nach innen (auf die eigene Person) gerichtet werden. Beim Externalisieren werden Aggression und Frustration nach außen (auf andere Menschen) gelenkt. Sexuell mißbrauchte Jungen und Männer scheinen sich meistens entweder am einen oder am anderen Pol dieses Gegensatzes zu befinden. Sie sind entweder stark depressiv, passiv, hilflos und scheu und beschuldigen, hassen oder verletzen sich selbst oder sind selbstmordgefährdet, oder sie sind im Gegenteil stark aggressiv, bedrohlich, kriminell, gewalttätig und sexuell aggressiv.[3] Friedrich u.a. (1986) fanden einen diese Annahme bestätigenden Zusammenhang zwischen Ausmaß und Schwere der Verhaltensprobleme einerseits und der Schwere, Dauer und Häufigkeit des Mißbrauchs sowie der Beziehung zum Täter andererseits. Vor allem, wenn die biologischen Eltern die TäterInnen sind, komme es zu großen Verhaltensproblemen. Außerdem seien kleinere, bis zum 5. Lebensjahr mißbrauchte Jungen eher geneigt, Aggression und Frustration zu internalisieren, während zwischen ihrem 6. und 12. Lebensjahr mißbrauchte Jungen hauptsächlich externalisierten. Weiter machen diesen AutorInnen zufolge die nach außen gerichtete Aggression und Frustration mit zunehmendem Alter allmählich Platz für ein auf die Person selbst gerichtetes Verhalten.

Ein zweiter häufig beschriebener Gegensatz bei sexuell mißbrauchten Jungen betrifft ihr stereotypes Rollenverhalten. Manche Opfer benehmen sich übertrieben männlich, während andere sich genau entgegengesetzt „tuntig" verhalten. Ersteres entspringt wahrscheinlich dem Willen, die beschädigte männliche Identität wiederherzustellen, während das zweite vielleicht eher aus der Identifikation mit ebendieser verletzten männlichen Identität und aus deren Akzeptanz herrührt. Beide Verhaltensformen können als Versuche betrachtet werden, das eigene Männerbild zu erhalten und den Unterschied zwischen diesem Selbstbild und den Erfahrungen sexuellen Mißbrauchtseins, welche diesem Bild widersprechen, zu überbrücken.

Ein dritter Gegensatz, der bei sexuell mißbrauchten Jungen bisweilen genannt wird, betrifft ihr Verhalten gegenüber anderen Menschen. Manche machen sich sehr abhängig von anderen und neigen zu symbiotischen Beziehungen, deren Merkmal eine starke gegenseitige Anhänglichkeit ist. Andere dagegen sind Menschen gegenüber mißtrauisch und feindselig und haben große Schwierigkeiten, (enge) Beziehungen einzugehen. Oft sind diese Jungen sehr einsam, weil niemand ihnen – buchstäblich und im übertragenen Sinne – nahekommen darf. Andere Verhaltensprobleme sind: Alkohol- und/oder Drogenmißbrauch, Schulprobleme, Lernrückstände, Schulschwänzen und Weglaufen von zu Hause.

Das genannte Problemverhalten trägt stark zu der sozialen Isolation bei, in die viele sexuell mißbrauchte Jungen geraten. Depressive, passive, scheue Opfer sind oft die Fußabtreter ihrer AltersgenossInnen; aggressive, nach außen hin feindselige Opfer wirken häufig bedrohlich. Dieses Problemverhalten steht einer gesunden Entwicklung und Sozialisation im Weg, was erneut psychische und soziale Probleme zur Folge haben kann. Es kommt jedoch auch vor, daß Jungen alles, was möglicherweise auf ihre Erfahrung mit sexuellem Mißbrauch hindeutet, zu verbergen oder zu tarnen wissen. Diese Jungen erbringen oft sehr gute schulische, sportliche oder sonstige Leistungen und sind häufig sowohl bei AltersgenossInnen als auch bei Erwachsenen sehr beliebt.

Sebold (1987) zählt eine Liste von Störungen und Verhaltensweisen auf, an denen sexuell mißbrauchte Jungen seiner Meinung nach zu erkennen sind. Diese sind:

- Homophobie
  Ein sexuell mißbrauchter Junge wird sein Äußerstes geben, seine Freunde davon zu überzeugen, daß er kein „Schwuler" ist. Das tut er, indem er öffentlich mit Mädchen oder Flirts mit Mädchen angibt und indem er weder sich noch anderen Jungen unmännliches Verhalten erlaubt. Auch leugnet der Junge zu masturbieren, und er mißbilligt die Masturbation, weil sie bisweilen mit Homosexualität assoziiert wird (vornehmlich in den Vereinigten Staaten).
- Aggressives und kontrollierendes Verhalten
  Der Junge benimmt sich bedrohlich und aggressiv, um sich selbst davon zu überzeugen, daß er jede künftige sexuelle Annäherung abwehren kann. Frauen, Mädchen und kleinen Kindern gegenüber ist er oft einschüchternd und dominierend, doch er erstarrt, sobald jemand ihn berührt.
- Kindhaftes Verhalten:
  Der Umgang mit Gleichaltrigen ist von Angst und Vermeidungsverhalten gekennzeichnet. Im Gegensatz zu sexuell mißbrauchten Mäd-

chen, die gerade den Kontakt zu älteren Kindern suchen, pflegen mißbrauchte Jungen häufiger Umgang mit kleineren Kindern. Ihr Verhalten in Sprache und Spiel paßt zu einem geringeren Lebensalter als dem ihren.

- Paranoides/phobisches Verhalten:
  Der mißbrauchte Junge reagiert ängstlich auf Berührung und Zwang. Oft erfährt er Ängste in Verbindung mit bestimmten Ereignissen oder Gegenständen, die in der Mißbrauchssituation eine Rolle gespielt haben. Diese Jungen sind jedoch nicht ängstlich in Anwesenheit potentieller Täter. Bei diesen verhalten sie sich durchweg passiv und opferhaft.
- Sexuelle Äußerungen und Verhaltensweisen:
  Sexuell mißbrauchte Jungen sind manchmal von Sexualität und Nacktheit besessen, und zwar sowohl in Gedanken als auch in Worten und Benehmen. Das kann ein starker Hinweis auf sexuellen Mißbrauch sein. Einige junge Opfer masturbieren viel, manchmal auch in der Öffentlichkeit. Ihre Sprache ist häufig sexuell überladen.
- Träume, die von Verfolgung, Strafe und Isolation handeln:
  Die Kontrolle ist dann in den Händen einer großen, mächtigen Person. Kleine Kinder träumen von konkreten Situationen und Ereignissen, die einen symbolischen Wert haben können, beispielsweise von Schlangen und Bienen, die in Löcher hinein- und aus diesen herauskriechen.
- Körperliche Indizien:
  Sexuell mißbrauchte Jungen haben die Neigung, sich entweder sehr viel oder überhaupt nicht um ihr Äußeres und ihre Körperpflege zu sorgen. Bettnässen und Einkoten deuten bisweilen auf sexuellen Mißbrauch hin, besonders, wenn dies beispielsweise mit schweren Ängsten einhergeht. Einkoten ist gegebenenfalls ein deutlicher Hinweis auf anale Penetration. Im allgemeinen haben diese Jungen viele körperliche Symptome wie Kopf- und Bauchschmerzen.
- Mit Feuer spielen:
  Sebold findet dieses Verhalten häufig bei sexuell mißbrauchten Jungen. Was es mit dem Mißbrauch zu tun hat, ist noch unklar. Von anderen AutorInnen wird dieses Phänomen selten genannt. Schließlich gibt es so viele Jungen, die mit Feuer spielen.

- Sonstige Hinweise:
  Von daheim fortlaufen ist, laut Sebold, kein zuverlässiges Indiz, es sei denn, der Junge lebt in einer Großstadt. Prostitution dagegen ist häufig ein Hinweis auf sexuelles Mißbrauchtsein. Und schließlich nennt Sebold den Aspekt, daß auch andere Kinder aus der Familie mißbraucht wurden. Obwohl das natürlich nicht zu den Störungen des Opfers selbst gehört, kann es ein Hinweis sein.

Viele AutorInnen nennen sexualisiertes Verhalten als kurzfristige Folge sexuellen Mißbrauchs an Jungen. Diese starke sexuelle Obsession kann sich in übermäßiger oder zwanghafter Masturbation oder übermäßiger Aufmerksamkeit für Sex und Nacktheit zeigen. Sie äußert sich mitunter auch in mehr oder weniger häufigen sexuellen Spielen mit Brüdern, Schwestern, AltersgenossInnen, kleineren, aber auch größeren Kindern, Heranwachsenden und Erwachsenen. Sexuell aggressives Verhalten wie das Mißbrauchen meist kleinerer Kinder kommt auch vor, ebenso, daß der Junge mehr über Sexualität weiß, als auf Grund seines Alters zu erwarten wäre. Dieses sexualisierte Verhalten erhöht das Risiko erneuten Mißbrauchtwerdens, da es von TäterInnen als Einladung oder Provokation zu sexuellem Kontakt aufgefaßt werden kann. Auch Kinder unter 4 Jahren können dieses Verhalten bereits an den Tag legen. Friedrich u.a. (1986) stellten fest, daß das Verhalten schon bald nach dem Mißbrauch auftritt. Sie fanden einen Zusammenhang zwischen dem Maß an sexualisiertem Verhalten und der Häufigkeit des Mißbrauchs sowie der Zahl der beteiligten TäterInnen. Sie beobachteten, daß manche Jungen ihr Mißbrauchtwerden mit ihren kleinen Brüdern, Schwestern, Freunden oder Freundinnen nachspielten. Sexualisiertes Verhalten kann, muß jedoch nicht auf sexuell aggressives Verhalten hinauslaufen. Lediglich ein Teil der sexualisierten Opfer geht dazu über, kleinere Kinder zu mißbrauchen: Das sind vornehmlich die Jungen, die auch anderweitig aggressives Verhalten an den Tag legen. Nach Friedrich und anderen fügt die Erfahrung mit sexuellem Mißbrauch dem aggressiven Verhalten lediglich eine sexuelle Komponente hinzu (siehe weiter den letzten Teil dieses Kapitels).
Sexualisiertes Verhalten kann auch Anlaß zu Mißverständnissen sein: Das Umfeld meint, der Junge habe den Mißbrauch selbst provoziert. Er be-

kommt dann die Schuld an dem Mißbrauch und wird sozial isoliert, weil sowohl AltersgenossInnen als auch Erwachsene das übertrieben sexuelle Verhalten des Jungen befremdlich oder schmutzig finden. Der Junge wird dann häufig verstoßen. Manchen AutorInnen zufolge geraten übertrieben sexualisierte mißbrauchte Jungen später bisweilen in die Prostitution, doch das Wissen hierüber ist noch sehr lückenhaft.

Es herrscht wenig Übereinstimmung zwischen den WissenschaftlerInnen, was das Entstehen übermäßig sexualisierten Verhaltens angeht.[4] Yates (1982) erklärt dieses Phänomen anhand von sozialen Lernprozessen und Konditionierung. Demnach würden Kinder durch (wiederholten) sexuellen Mißbrauch zu sexuellem Verhalten konditioniert. Friedrich u.a. (1986) sehen sexualisiertes Verhalten mehr als einen Versuch des Kindes, die bei dem Mißbrauch erfahrene Ohnmacht und Verwirrung ungeschehen zu machen, indem sie sich mit dem Täter oder der Täterin identifizieren. Vor allem sexuell aggressives Verhalten könnte als ein Versuch gesehen werden, die verlorene Kontrolle wiederzugewinnen. Die Schwere des erfahrenen Mißbrauchs entspricht nach Friedrich u.a. folglich auch dem Maß an sexuell aggressivem Verhalten. Eine weitere Unterstützung dieser Hypothese scheint eine Beobachtung von Rush (1980) zu bieten. Ihr zufolge behaupten Opfer, die sich mit dem Täter identifizieren, später, sie hätten durch den erfahrenen Mißbrauch nur geringen Schaden genommen. Es ist übrigens nicht so, daß alle sexuell mißbrauchten Jungen übermäßig sexualisiertes Verhalten aufweisen, jedoch ist unklar, wie viele dieses Verhalten entwickeln und wie viele nicht. Manche AutorInnen sprechen von diesem Verhalten, als sei es ein allgemeines Merkmal sämtlicher Opfer sexuellen Mißbrauchs, während andere es überhaupt nicht erwähnen.

Viele Jungen haben, besonders wenn sie von einem Mann mißbraucht worden sind, Angst, homosexuell zu werden oder es bereits zu sein. Auch wenn sie von einer Frau mißbraucht wurden, kann Angst vor Homosexualität entstehen. Der Junge hat dann ja Sex mit einer Frau als nicht angenehm empfunden.

Manche Jungen identifizieren sich sehr schnell mit der Rolle des Homosexuellen. Johnson und Shrier (1987) bemerken dazu übrigens zu Recht, daß die meisten Homosexuellen nicht sexuell mißbraucht worden sind. Man kann deshalb sexuellen Mißbrauch nicht als eine „Ursache" von Homosexualität ansehen. Drion (1989) bemerkt, daß viele Jungen sich für den Mißbrauch verantwortlich fühlen. Das sei der Grund, weshalb sie die Mißbrauchssituation so beschrieben, als hätten sie eine aktive, die Initiative ergreifende Rolle darin, während dies in Wirklichkeit nicht der Fall sei. Sie fingen ihre Erzählung beispielsweise mit Sätzen an wie „Ich gehe mit meiner Mutter ins Bett."

Burgess und Holmstrom (1974 a, b) sowie Sarrel und Masters (1982) fassen die kurzfristigen emotionalen Folgen sexuellen Mißbrauchs als eine durch Desorganisation der Person gekennzeichnete Periode auf. Heftige Emotionen wie Depression, Angst und Wut spielen dabei eine Rolle, und das Selbst- und Weltbild gerät aus den Fugen. Bei Jungen findet dies überwiegend im verborgenen statt, da die meisten befürchten, der Mißbrauch könne nach außen hin bekannt werden.

Die Forschung zu sexuellem Mißbrauch an Jungen und Männern hat sich bisher überwiegend auf die Inventarisierung der nach dem Mißbrauch auftretenden Störungen und Verhaltensweisen beschränkt. Man hat noch wenig Aufmerksamkeit auf die Zusammenhänge verwendet, die es zwischen diesen Symptomen und anderen Faktoren gibt. Dabei wäre an Persönlichkeitsmerkmale zu denken, an das Alter und die Entwicklung des Kindes während des Mißbrauchs, an die Art, in der der Junge den Mißbrauch zu bewältigen versucht („coping") und daran, welche Problemlösungsstrategien er kennt. Auch die Beziehung, die der Junge zum Täter bzw. zur Täterin oder zu den TäterInnen hat, die Art und Weise, in der er zu dem Sexualkontakt gebracht oder gezwungen wurde und die Reaktion seines Umfelds auf das Geschehene spielen hier hinein. Vorstellungen über sexuellen Mißbrauch im Umfeld des Kindes sowie der soziokulturelle Hintergrund beeinflussen gegebenenfalls, welche soziale Unterstützung ein mißbrauchtes Kind bekommt. Wenn derartigen Zusammenhängen bisher noch wenig Beachtung geschenkt wurde, liegt das wahrscheinlich daran, daß es schwierig und häufig ethisch nicht zu verantworten ist, Jungen, kurz nachdem sie sexuell mißbraucht worden sind, eingehend zu befragen. Trotzdem nimmt die Zahl derartiger Untersuchungen in den letzten Jahren zu, so etwa von Friedrich u.a. (1986; 1988).

Es ist klar, daß sexueller Mißbrauch für das Opfer bereits kurzfristig nachteilige Folgen haben kann. Solche Folgen sind oft sehr einschneidend und können ihrerseits weitere Störungen verursachen. Um die kurzfristigen Folgen sexuellen Mißbrauchs zu wissen ist deshalb sehr wichtig, weil dies das frühzeitige Erkennen von Opfern sexuellen Mißbrauchs erleichtert. Hilfe kann dann in einem entsprechend frühen Stadium der Traumatisierung, beispielsweise schon zur Zeit des Mißbrauchs, geboten werden.

Langfristige Folgen

Unter „langfristigen Folgen" werden hier die Phänomene verstanden, die zwei Jahre nach der letzten Mißbrauchserfahrung einsetzen. Viele dieser Folgen decken sich mit den kurzfristigen Symptomen.

Die am häufigsten genannten Störungen sind Depressivität und Angst. Ein großer Teil der mißbrauchten Jungen und Männer fühlt sich chronisch niedergeschlagen, ohnmächtig, mutlos und hilflos. Diese Männer wirken nach außen hin oft passiv und haben ein sehr negatives Selbstbild. Sie betrachten sich selbst als „anormal" oder „schlecht". Manche Opfer verhalten sich selbstdestruktiv und suizidal. Oft werden bei sexuell mißbrauchten Männern auch Phobien oder chronische Ängste erwähnt. Weiter wird die Angst vor einer Wiederholung des Mißbrauchs genannt – selbst wenn dieser vor vielen Jahren stattgefunden hat – oder vor Sexualkontakten und intimen Beziehungen. Auch fürchten manche, homosexuell zu sein oder zu werden. Alkohol- und/oder Drogenmißbrauch sind ebenfalls häufig genannte Symptome. Dies ist wahrscheinlich als Versuch des Opfers zu sehen, die Angst zu unterdrücken.

Genau wie bei den kurzfristigen Folgen läßt sich die ganze Gruppe sexuell mißbrauchter Jungen und Männer in die *Internalisierer* einerseits und die *Externalisierer* andererseits unterteilen. Die erste Gruppe zeigt depressives, selbstbestrafendes, selbstverletzendes oder suizidales Verhalten. Bei der zweiten Gruppe dagegen äußern Wut und Frustration sich in kriminellem, antisozialem oder aggressivem Verhalten und möglicherweise auch in eigener Täterschaft.

Psychosomatische Störungen werden ebenfalls häufig aufgezählt. Dabei handelt es sich vor allem um Bauchschmerzen, Magenbeschwerden,

Beschwerden der Harnwege, Kopfschmerzen, Rückenschmerzen und eine angespannte, steife Muskulatur. Viele sexuell mißbrauchte Jungen haben große Schwierigkeiten mit sozialen Kontakten. Manche führen ein isoliertes Leben und schaffen es nicht, soziale Beziehungen herzustellen. Andere zeigen sich im Gegenteil extrem abhängig von anderen und klammern sich an diesen fest.

Auch kann die Erfahrung sexuellen Mißbrauchtseins die Urteilsfähigkeit beeinträchtigen, wenn es darum geht, wem man vertrauen kann und wem nicht. Deshalb vertrauen manche Opfer überhaupt niemandem und andere wiederum nahezu jedem; letzteres erhöht nebenbei das Risiko erneuten Mißbrauchtwerdens. Weiter werden in der Fachliteratur häufig sexuelle Probleme genannt. Dabei geht es um Störungen wie Impotenz, Schmerzen in den Genitalien während des Verkehrs, frühzeitigen Samenerguß oder das Ausbleiben von Samenerguß und Orgasmus. Auch kommt häufig sexualisiertes Verhalten vor, ebenso wie bei den kurzfristigen Folgen, was sich unter anderem äußert in übermäßiger sexueller Aktivität, zwanghafter Masturbation, Promiskuität und Prostitution. Andere sexuelle Probleme bei mißbrauchten Jungen und Männern hängen mit ihren zuvor erwähnten Zweifeln bezüglich der eigenen sexuellen Orientierung und Identität zusammen. Auffallend ist, daß ungefähr die Hälfte der mißbrauchten Jungen aus einer Reihe untersuchter Gruppen sich selbst als homosexuell bezeichnet.[5]

Ein Teil der mißbrauchten Jungen hat Probleme im Umgang mit der eigenen Aggressivität und zeigt antisoziales Verhalten, und diese Jungen geraten vielfach in kriminelle Kreise. Auch Täterverhalten und anderes sexuell aggressives Verhalten werden häufig genannt.

Johnson und Shrier (1987) haben eine Studie unter männlichen Opfern durchgeführt, aus der hervorgeht, daß diese überwiegend sozial gut funktionieren, außer wenn es um die sexuelle Identität geht, um das Selbstbild, das sexuelle Funktionieren sowie persönliche Beziehungen. Obwohl diese Störungen nach außen hin vielleicht nicht so schwerwiegend oder akut erscheinen, sind sie meistens chronisch und sehr beeinträchtigend. Es ist gut denkbar, daß diese Studie ein repräsentatives Bild der gesamten Gruppe männlicher Opfer sexuellen Mißbrauchs zeichnet. Längst nicht alle Opfer entwickeln schwerwiegende Störungen, und die Mehrheit weiß sozial gut zurechtzukommen. Sie können dennoch geringfügigere chronische Symptome verspüren, die, gewiß auf lange Sicht, einen negativen Einfluß auf ihre Lebensqualität und ihr psychisches und sonstiges Wohlbefinden haben.

Die Beziehung zwischen Folgeschäden und Mißbrauchserfahrung

Offenbar gibt es ein breites Spektrum an Störungen, die nach Erfahrungen mit sexuellem Mißbrauch auftreten können. Diese Symptome können außerdem in ihrer Ausprägung recht unterschiedlich sein. Viele AutorInnen schreiben dies der Unterschiedlichkeit des erfahrenen Mißbrauchs zu. Irgendein klarer tatsächlicher Zusammenhang zwischen der Art des Mißbrauchs und den später entwickelten Symptomen ist bisher jedoch noch nicht gefunden worden. Zwar sprechen manche AutorInnen von Faktoren, die bestimmend für die *Schwere* des Traumas und die daraus resultierenden Störungen seien, doch die *Art* des Traumas ist damit nicht erklärt. Mrazek und Mrazek (1981) kommen auf Grund von Forschungen zu 6 Faktoren, die die Schwere des Traumas bestimmen:

- Die Intensität des Sexualkontaktes:
  Je weitgehender der Sexualkontakt ist, desto schwerer das Trauma und die entstehenden Störungen.
- Das Alter und die Entwicklung des Kindes:
  Je jünger das Kind zur Zeit des Mißbrauchs ist, desto schwerer das Trauma.
- Die Beziehung zum Täter bzw. zur Täterin:
  Das Trauma wird schwerer, je enger diese Beziehung ist.
- Die affektive Art der sexuellen Beziehung:
  Das Trauma ist desto schwerer, je weniger positive Gefühle es innerhalb der sexuellen Beziehung gibt.
- Der Altersunterschied zum Täter bzw. zur Täterin:
  Die Schwere des Traumas nimmt zu, je größer der Altersunterschied zum Täter bzw. zur Täterin ist.
- Die Dauer der sexuellen Beziehung:
  Je länger diese Beziehung andauert, desto schwerer wird das Trauma.

Andere AutorInnen geben Faktoren wie Gewalt und Alter als zumindest mitbestimmend für die Schwere des Traumas und der daraus resultierenden Störungen an. Finkelhor (1979) beispielsweise nennt Gewalt als einen eindeutig traumaverstärkenden Faktor. Tsai u.a. (1979) behaupten, das Trauma werde größer, je älter das Kind sei und je besser es verstehe, was geschehen ist. Burgess u.a. (1978) berichten von einem größeren Trauma bei Opfern, die über lange Zeit von einem ihnen emotional nahestehenden Täter (einer Täterin) mißbraucht wurden. Russell (1984a, b) nennt vor allem Penetration als einen traumaverstärkenden Faktor.

Häufig scheinen sich die Symptome sexuell mißbrauchter Menschen nur wenig von den Störungen zu unterscheiden, unter denen Menschen mit andersartigen traumatischen Erfahrungen zu leiden haben.[6] Carmen u.a. (1984) finden in ihrer Studie über die Folgen sexuellen Mißbrauchs und körperlicher Mißhandlung bei einer Gruppe von Psychiatrie-PatientInnen keine signifikanten Unterschiede zwischen der mißbrauchten und der nicht mißbrauchten Gruppe, was die Art und die Schwere der Störungen betrifft. Van der Kolk (1988) nennt zehn langfristige Folgen, die bei sehr unterschiedlichen traumatischen Erfahrungen entstehen: Depression, erlernte Hilflosigkeit, extreme Abhängigkeit (Symbiotismus), sozial unangepaßtes Verhalten, Schwierigkeiten mit Vertrauen und Intimität, emotionale Abstumpfung, eine Alles-oder-nichts-Reaktion auf Streß und Aufregung sowie einen schlechteren Umgang mit Streß durch die Anwendung inadäquater Formen der Informationsverarbeitung. Van der Kolk (1988) unterscheidet drei Ebenen, auf denen Menschen Informationen verarbeiten und speichern, nämlich agierend (in Form motorischer Reaktionen), ikonisch (in Form von Bildern) und symbolisch (in Form von vornehmlich aus Sprache bestehenden Symbolen). Ihm zufolge können traumatisierte Menschen in streßreichen Situationen Erfahrungen hauptsächlich auf agierender und ikonischer Ebene im Gedächtnis speichern und verarbeiten. Als weitere langfristige Folgen nennt van der Kolk eine niedrige Frustrationsschwelle, Traumaabhängigkeit und, damit zusammenhängend, eine zwanghafte Wiederholung des Traumas. Diese Aufzählung von Störungen unterscheidet sich kaum von der zuvor erörterten Übersicht der in der Fachliteratur mit sexuellem Mißbrauch assoziierten Symptome.

Das Muster von Störungen infolge sexuellen Mißbrauchs oder anderer Traumata kann von Mensch zu Mensch stark variieren. Friedrich u.a. (1986) vermuten, daß bei Opfern sexuellen Mißbrauchs verschiedene Untergruppen zu unterscheiden sind. Jede Untergruppe hätte dann als Merkmal ein eigenes Traumatisierungsmuster, aus dem eine für sie charakteristische Konstellation von Symptomen hervorginge. Die Existenz dieser Untergruppen ist bisher jedoch in der Forschung noch nicht nachgewiesen worden. Zudem ist und bleibt fraglich, ob derartige Untergruppen sich wirklich so klar identifizieren und benennen lassen, denn sowohl die traumatische Erfahrung selbst als auch deren Verarbeitung sind sich andauernd weiterentwickelnde Prozesse. Obwohl man beispielsweise eine Unterscheidung zwischen Internalisieren und Externalisieren von Wut, Frustration und Aggression machen kann, wurde doch auch festgestellt, daß das externalisierende Verhalten im Laufe des Älterwerdens abnimmt und einem internalisierenden Verhalten Platz macht. Das bedeutet, daß die Zusammensetzung der verschiedenen Untergruppen nicht stabil wäre: Mitglieder der einen Untergruppe wären nach einiger Zeit in verschiedenen anderen Untergruppen wiederzufinden.

Eine bessere Art, das Trauma als Folge sexuellen Mißbrauchs zu beschreiben und die Symptome von Opfern zu erklären, ist das Entwerfen eines Bildes vom Leben des Opfers vor, während und nach der Zeit des Mißbrauchs. Im nächsten Kapitel wird ein heuristisches Traumatisierungsmodell präsentiert, anhand dessen sich ein derartiges Bild entwickeln läßt. Deshalb seien hier nur die wichtigsten traumaerzeugenden Prozesse beschrieben, wie sie sich bei den meisten Opfern entwickeln.

In Kapitel 2 ist bereits festgestellt worden, daß ein großer Teil der Jungen und Männer, die sexuell mißbraucht wurden und bei sozialen Diensten und Beratungsstellen vorsprechen, aus Problemfamilien stammt. Oft herrscht in derartigen Familien ein großer Mangel an Liebe, ist mindestens ein Elternteil abwesend und wird auch viel getrunken. Es ist möglich, daß Jungen aus diesen Familien weniger gut lernen, wie sie mit negativen Erfahrungen umgehen und diese verarbeiten sollen.[7] Sie lernen vielleicht eher, mit Hilflosigkeit, Ausweichen oder Verdrängung auf Probleme und negative Erfahrungen zu reagieren, wodurch sie weniger gut imstande sind, die Folgen sexuellen Mißbrauchs auszugleichen. Das ist vielleicht eine bessere Erklärung für nach sexuellem Mißbrauch auftretende Störungen als eine Erklärung auf Grund der Art der Mißbrauchserfahrung. Eine problematische, wenig stabile und liebevolle Situation daheim vergrößert nicht nur die Gefahr eines Mißbrauchs, sondern verringert auch die Möglichkeit, diesen gut zu verarbeiten.

Die Persönlichkeit des Opfers vor dem Mißbrauch spielt bei der Traumatisierung durch dieses Ereignis wahrscheinlich eine große Rolle. Die Persönlichkeit bestimmt schließlich größtenteils, wie jemand mit Problemen und negativen Erfahrungen umgehen wird. Es ist allerdings noch nicht klar, welche Persönlichkeitsfaktoren hierbei eine Rolle spielen, wie sie das tun und in welchem Ausmaß. Die meisten Forschungen auf diesem Gebiet schauen nämlich zurück auf das, was bereits geschehen ist. Es ist sehr schwer, im nachhinein genau zu bestimmen, wie jemand vor dem Mißbrauch gewesen ist. Eine Gruppe von Jungen vor und nach dem Mißbrauch zu beobachten, ist eine nahezu undurchführbare Aufgabe. Auch Untersuchungen, bei denen ersatzweise Leute aus dem Umfeld befragt werden, wie das Opfer vor und nach dem Mißbrauch war, haben ihre Schwachstellen. Wenn die häusliche Situation voller Probleme ist, kann man sich fragen, ob und inwieweit Eltern und Geschwister imstande sind, ein richtiges Bild des Opfers vor dem Mißbrauch zu entwerfen. Es bleibt immer Spekulation, ob Persönlichkeitsfaktoren, denen man einen Zusammenhang mit den Störungen des Opfers zuschreibt, schon vor dem Mißbrauch da waren, erst durch den Mißbrauch entstanden sind oder aber sich durch diesen verändert haben.

Dann gibt es noch die Erfahrung sexuellen Mißbrauchtseins als solche. Der Täter (die Täterin) hat bei einer großen Anzahl der Mißbrauchsdelikte Gewalt, psychische Einschüchterung, Bedrohung oder Erpressung angewandt. Auch werden oft sehr weitgehende sexuelle Handlungen vorgenommen, wie analer Koitus, passiver oder aktiver oraler Koitus und gegenseitige Masturbation. Vor allem in Kombination mit der verwirrenden Empfindung der häufig erwähnten rein körperlichen sexuellen Erregung, die obendrein möglicherweise mit einer Erektion einhergeht, kann die Erfahrung sexuellen Mißbrauchtwerdens einen äußerst negativen Eindruck bei dem mißbrauchten Jungen hinterlassen. Heftige Gefühle von Angst, Wut, Ekel, Machtlosigkeit, Erniedrigung und sehr stark auch von mißbrauchtem Vertrauen, wenn der Täter oder die Täterin ein

Familienmitglied ist, können die Folge sein. In der Zeit, die auf den Mißbrauch folgt, können verschiedene Prozesse dessen Verarbeitung erschweren oder sogar zusätzliche Störungen verursachen. Die drei wichtigsten sollen im folgenden behandelt werden: Stigmatisierung, gestörte Entwicklung der eigenen Sexualität und die Entwicklung inadäquater Problemlösungs- und -verarbeitungsstrategien.

Zunächst geraten viele sexuell mißbrauchte Jungen in soziale Isolation. Das kann sowohl die Folge von Anzweifelung und Stigmatisierung seitens des sozialen Umfelds sein, als auch die Folge einer Selbststigmatisierung. Das soziale Umfeld reagiert in erster Instanz meist mit Ungläubigkeit auf den Mißbrauch. In zweiter Instanz wird das Opfer selbst des Mißbrauchs beschuldigt: „Er wird es wohl gewollt oder selbst provoziert haben!"; „Er ist ein Schmutzfink!". Vor allem wenn der Täter ein Mann ist, wird einem sexuell mißbrauchten Junge schnell das Etikett „Tunte" oder „Schwuler" angeheftet. Homosexualität ist bei einem großen Teil der Bevölkerung noch längst nicht akzeptiert, sondern wird als etwas „Anormales" oder „Schmutziges" betrachtet. Durch die negativen Reaktionen seitens des Umfelds, aber auch durch das Erleben des Mißbrauchs an sich, übernimmt der Junge ein Stigma und hält sich für nicht normal. Auch empfindet er seinen Körper als „schmutzig" oder „verseucht". Das beeinträchtigt seine Fähigkeit, soziale Kontakte anzuknüpfen oder zu unterhalten. Es entsteht dann ein Teufelskreis: Die Stigmatisierung führt zu sozialer Isolation, und diese wiederum verstärkt das Gefühl, gebrandmarkt zu sein.

Ein zweiter Prozeß ist der der gestörten sexuellen Entwicklung. Vor allem in früher Kindheit mißbrauchte Jungen beschäftigen sich im Übermaß mit Sexualität, auch auf lange Dauer. Ihr Verhalten erhält einen stark erotischen Einschlag. Manchmal kommt es auch zu sexuell aggressivem Verhalten, und soziale Kontakte werden häufig sexualisiert. Der Junge steht dann wiederum allein und wird von AltersgenossInnen, Eltern, KollegInnen und sonstigen Erwachsenen als „abweichend" oder „merkwürdig" betrachtet. Das wiederum leistet der Beschuldigung Vorschub, selbst einen Anteil an dem Mißbrauch zu haben.

Die gestörte sexuelle Entwicklung beeinflußt wiederum das Erleben von Sexualität und das sexuelle Funktionieren des mißbrauchten Jungen. Symptome sind unter anderem Impotenz, Störungen der Libido, Widerwille gegen Sexualität oder im Gegenteil zwanghafte Masturbation, Promiskuität, Sexbesessenheit und Zweifel an der eigenen sexuellen Identität. Das wiederum schlägt sich auf das Selbstbild und das Selbstvertrauen des Jungen nieder sowie auf seine sozialen Fertigkeiten und Aktivitäten. Auch hier entsteht ein Teufelskreis, weil das negativ beeinflußte Selbstbild wiederum die sexuellen Probleme verstärken wird.

Jungen, die langfristig, manchmal über Jahre hinweg, mißbraucht werden, entwickeln allerlei Strategien, mit dieser Situation umzugehen. Diese Strategien setzen sie häufig auch in anderen Situationen ein, selbst dann noch, wenn der Mißbrauch bereits beendet ist. Es gibt eine Vielzahl von Strategien, die sich aber grob in zwei Gruppen unterteilen lassen: Strategien, die das Erleiden des Mißbrauchs möglichst schmerzlos machen sollen, und Strategien, in denen eine Identifikation mit dem Täter stattfindet oder in denen dem Mißbrauch eine alternative Bedeutung gegeben wird.

Die meisten Jungen fühlen sich völlig machtlos und haben keine Vorstellung, wie sie den Mißbrauch beenden können. In ihren Augen scheint ihnen keine andere Möglichkeit offenzustehen als die, sich dem Mißbrauch passiv zu unterwerfen und ihn möglichst schmerzfrei verlaufen zu lassen. Dabei geht es nicht nur um physischen, sondern hauptsächlich um psychischen Schmerz. Viele mißbrauchte Jungen versuchen, während des Mißbrauchs ihre Gefühle auszuschalten; das nennt man Dissoziieren. Indem sie ihre Aufmerksamkeit bewußt auf etwas anderes richten oder sich im Gegenteil auf nichts konzentrieren, sondern ihr Bewußtsein gänzlich ausschalten, werden die sexuellen Handlungen gewissermaßen überhaupt nicht oder nur mehr teilweise empfunden. Bewußtsein und Gefühl werden wieder eingeschaltet, wenn die Mißbrauchssituation vorüber ist. Der Junge kehrt dann in die Realität zurück. Er begreift nicht recht, was genau passiert ist und welche Bedeutung das Geschehene hat. Der Vorteil dieser Strategie ist, daß physischer und psychischer Schmerz während des Mißbrauchs nicht oder möglichst wenig empfunden werden. Der große Nachteil ist, daß der Mißbrauch nicht in die Erlebniswelt des Jungen eingeordnet werden kann und damit in seiner Bedeutung unklar und unverstanden bleibt. Das vergrößert die Verwirrung und die Angst vor Mißbrauch und verstärkt auch das Gefühl eigener Machtlosigkeit.

Diese Gefühle von Angst, Verwirrung und Machtlosigkeit spielen durchweg auch langfristig eine Rolle. Außerdem kann die Dissoziationsstrategie auf andere Problemsituationen angewandt und zu einer allgemeinen Reaktion auf Streß werden. Das führt zu uneffektiven Problemlösungsmustern, wodurch das Leben möglicherweise als unbefriedigend erfahren wird und weitere psychische und soziale Probleme entstehen. Das Ergebnis eines solchen Umgangs mit Streß ist ein Mangel an zielgerichteter Aktion. Vielleicht kann so die erlernte Hilflosigkeit erklärt werden, die kennzeichnend ist für viele mißbrauchte Jungen.

Manche versuchen, die Erfahrung sexuellen Mißbrauchtseins irgendwie einzuordnen und in die eigene Persönlichkeit zu integrieren, indem sie sich mit dem Täter identifizieren. Auf diese Weise wird der Mißbrauch gewissermaßen nachträglich beschönigt: Der sexuelle Übergriff wird internalisiert und derartig in das Bewußtsein des Jungen eingefügt, als sei die Erfahrung gewollt und angenehm gewesen. Hieraus kann gegebenenfalls ein eigenes Täterverhalten hervorgehen (siehe am Ende dieses Kapitels). Womöglich kommt es auch zu Verwirrung bezüglich der eigenen sexuellen Präferenz und sexuellen Identität, besonders wenn der Täter ein Mann ist. Davis (1971) sowie James und Meyerding (1977) haben derartige Prozesse bei Frauen mit Inzesterfahrungen beschrieben, die später in die Prostitution gerieten. Die Identifikation mit dem Täter kann vernichtende Folgen für das Selbstbild und die Persönlichkeitsentwicklung eines sexuell mißbrauchten Menschen haben.

Das Umgekehrte ist ebenfalls möglich. Es entstehen lang andauernde oder bleibende Gefühle von Frustration und Haß gegenüber dem Täter bzw. der Täterin, starke Unzufriedenheit mit dem Geschehenen und das Gefühl, verraten worden zu sein. Diese Gefühle können ihrerseits wieder zu Aggression führen. Oft ist es schwer, diese Aggression gegenüber dem Täter (der Täterin) selbst zu äußern, weil diese/r nicht mehr erreichbar oder immer noch zu bedrohlich ist, oder weil der Junge sich von dieser Person abhängig fühlt oder tatsächlich von ihr abhängig ist, vor allem dann, wenn ein Elternteil oder beide Eltern den Mißbrauch begangen haben. Diese Gefühle von Aggression können deshalb auf beispielsweise Schwestern, Brüder, AltersgenossInnen und andere übertragen werden, wodurch Probleme bei der Anknüpfung und Aufrechterhaltung sozialer Kontakte entstehen. Auch münden diese aggressiven

Gefühle bisweilen in delinquentes Verhalten. Häufig entsteht auch eine mißtrauische Lebenshaltung, wobei andere als potentielle FeindInnen oder TäterInnen gesehen werden.

Intensiver oder lang andauernder sexueller Mißbrauch kann außerdem mit den eigenen sexuellen Empfindungen und dem eigenen Erleben von Sexualität verquickt werden; so kann Sexualität eine stark negative emotionale Bedeutung bekommen. Der Mißbrauch wird in späteren sexuellen Situationen erneut durchlebt, oft in Form von Erinnerungsblitzen *(flashbacks).*

Hier sei noch einmal darauf hingewiesen, daß Sexualität ein größtenteils autonom funktionierendes System ist, das eine wichtige Rolle im täglichen Leben spielt. Sexuelle Gedanken und Gefühle kommen jeden Tag vor. Diese mit dem Mißbrauch in Zusammenhang zu bringen, ruft bei dem betroffenen Jungen täglich starke Unlustgefühle wach. Diese können Gefühle von Depression und Aggression, aber auch Angst und Ekel sein.

Schließlich verweist unter anderen Horowitz (1976) auf die sogenannte *„completion tendency"*, die Menschen manchmal ihrem Trauma gegenüber haben. In dem Versuch, das erfahrene Trauma zu verarbeiten und zu integrieren, wird die traumatische Erfahrung erneut durchlebt oder wiederholt. Diese Wiederholungen von Aspekten des Traumas haben zum Ziel, das Trauma auf lange Sicht akzeptieren zu lernen und damit möglicherweise zu integrieren. Dergestalt wird der sexuelle Mißbrauch häufig und immer wieder neu durchlebt. Das kann sich äußern in der Bildung symbiotischer Beziehungen mit anderen, in immer neuem Mißbrauchtwerden, in Prostitution oder in Täterverhalten. Es ist für Opfer sehr schwer, die sich wiederholenden Erfahrungen ihres Traumas in einer Weise zu verändern, die eine Verarbeitung und Integration ermöglicht. Es ruht ein Tabu auf sexuellem Mißbrauch, und die Gesellschaft steht dem Thema abweisend gegenüber. Außerdem ist die Erfahrung von sexuellem Mißbrauch immer kompliziert. So bleiben manche Opfer tatsächlich in endlosen, zwanghaften Wiederholungen des Traumas stecken, was zu einer Zerrüttung des täglichen Lebens führen kann. Außerdem fehlt häufig das Verständnis für ein solches Wiederholungsverhalten, und zwar sowohl im Umfeld des Opfers als auch bei professionellen HelferInnen.

Die obige Aufzählung traumatisierender Prozesse infolge sexuellen Mißbrauchs ist beileibe nicht erschöpfend. Es sind noch unzählige andere Prozesse denkbar, die zu Traumata und Störungen führen können. Doch läßt sich bereits eine vorläufige Schlußfolgerung ziehen. Weil so viele unterschiedliche Traumatisierungsprozesse und Symptome bei Opfern sexuellen Mißbrauchs vorkommen, müssen professionelle HelferInnen bei der Diagnosestellung und Behandlung dieser Gruppe sehr personenbezogen vorgehen. Dabei müssen sie allen wichtigen Faktoren sowohl vor, während als auch nach der Zeit des Mißbrauchs Beachtung schenken.

Die späteren Folgen sexuellen Mißbrauchs für Männer und Frauen: Übereinstimmungen und Unterschiede

Die Probleme männlicher und weiblicher Opfer sexuellen Mißbrauchs stimmen in groben Zügen überein. Wer die Fachliteratur zu sexuellem Mißbrauch an Mädchen und Frauen kennt, wird dies generell bestätigen können. Wenn es Unterschiede zwischen Männern und Frauen gibt, hängen diese mit zwei Faktoren zusammen: Erstens kennen Männer und Frauen unterschiedliche Sozialisationsmuster, kulturell-gesellschaftliche Stereotypen und Geschlechterrollen. Zweitens betrifft sexueller Mißbrauch von Jungen häufiger homosexuelle Kontakte.

Zu dem ersten Faktor sagt Rush (1980): „In einer Kultur, in der männliche Sexualität Stärke, Überlegenheit, Beherrschung und Erfolg verkörpert, in einer Welt, in der das männliche das erstrebenswerte Image ist, überrascht es nicht, daß ein männliches Kind auf ein sexuelles Erlebnis anders reagiert als ein weibliches Kind." (S. 266) Jungen und Männer sind viel weniger als Mädchen und Frauen geneigt, mit anderen über ihr Mißbrauchtsein und dessen Folgen zu reden und Hilfe zu suchen.[8]

Sexueller Mißbrauch ist in der westlichen Kultur für Männer ein noch viel größeres Tabu als für Frauen. Jungen bekommen bedeutend weniger oft Hilfe als Mädchen und werden außerdem weniger ernst genommen, wenn sie selbst Hilfe suchen oder von anderen in entsprechenden

Einrichtungen angemeldet werden. Sexuell mißbrauchte Jungen externalisieren mehr und verhalten sich häufiger aggressiv und sozial unangepaßt.[9] Dies wird meistens mit dem Männerbild in der westlichen Kultur in Zusammenhang gebracht. Aggressives Verhalten wird dann als eine Überkompensation des Opferseins angesehen, welches sich mit dem eigenen Erleben von Männlichkeit nicht in Übereinstimmung bringen läßt. Außerdem wird gesagt, Aggression sei eine typisch männliche Reaktion, zu der sexuell mißbrauchte Frauen auf Grund ihrer traditionellen Geschlechterrolle nicht imstande seien (Herman & Hirschman 1977,1981). Dies gelte auch für eventuelles Täterverhalten. Dazu muß bemerkt werden, daß aggressives und sonstiges sozial unangepaßtes Verhalten, unter anderem Täterverhalten, auch bei mißbrauchten Frauen vorkommt, wahrscheinlich nur in geringerem Umfang. Es wird jedenfalls weniger oft wahrgenommen. Doch man ist bei sexuell mißbrauchten Frauen oft nicht geneigt, gezielt nach derartigem Verhalten zu fragen, und nach Täterverhalten noch viel weniger.

Sexuell mißbrauchten Männern und Frauen wird im übrigen auch unterschiedlich begegnet. Männer werden oft als „Tunte" oder „Schwuler" beschimpft, während Frauen häufig den Stempel „Hure" oder „Schlampe" aufgedrückt bekommen. Auf den ersten Blick scheint das nur ein gradueller Unterschied zu sein, doch wurde bereits früher aufgezeigt, wie ein derartiges Stigma auf die Entwicklung der eigenen Identität einwirken kann. Auf diese Weise können manche Männer tatsächlich eine Identität in Richtung Homosexualität und verweiblichtes Verhalten entwickeln, und Frauen eine solche in Richtung Prostitution und Promiskuität.[10]

Die größere Zahl homosexueller Mißbrauchskontakte bei Jungen führt dazu, daß mißbrauchte Männer an ihrer sexuellen Identität zweifeln oder sich selbst als homosexuell betrachten. Dies ist häufiger der Fall als bei Frauen, die meistens von einem oder mehreren Männern mißbraucht wurden. Bei Frauen begegnet man diesem Phänomen in bemerkenswert geringerem Umfang.

Der Zusammenhang zwischen sexuellem Mißbrauch und eigenem Täterverhalten[11]

In den letzten Jahren wird immer öfter ein Zusammenhang zwischen Erfahrungen mit sexuellem Mißbrauch und eigenem Täterverhalten im späteren Leben hergestellt. Dabei sollen vor allem mißbrauchte Männer später selbst dazu übergehen, andere sexuell zu mißbrauchen. Manche AutorInnen gehen so weit, einen direkten, ursächlichen Zusammenhang zwischen dem sexuellen Mißbrauchtsein und späterem Täterverhalten zu unterstellen. Die Allgemeinheit übernimmt diese Vorstellung in immer stärkerem Maß. Die These, daß die Erfahrung eigenen Mißbrauchtseins und Täterverhalten eng miteinander verbunden sind, ist sehr verführerisch: Die Betreuung der Opfer würde dann nämlich auch gleich die Prävention künftigen Täterverhaltens miteinschließen. So meint man, was die wirksame Bekämpfung des strukturellen gesellschaftlichen Problems sexueller Mißbrauch angeht, zwei Fliegen mit einer Klappe schlagen zu können. Was viele AnhängerInnen dieser These sich wahrscheinlich nicht recht klarmachen, ist, daß die Propagierung dieser Vorstellung mehrere negative Konsequenzen nach sich zieht.

Sowohl in der Fachliteratur über Täter als auch in der über männliche Opfer wird von einem möglichen Zusammenhang zwischen sexuellem Mißbrauch und Täterverhalten gesprochen. Was die quantitativen Untersuchungen angeht, werden oft hohe Prozentzahlen von Tätern genannt, die in ihrer Jugend angeblich selbst mißbraucht wurden. Diese Zahlen variieren von fast 100 Prozent und 75 Prozent bis 33 und 18 Prozent bei einer Gruppe adoleszenter Täter.[12] Petrovich und Templer (1984) berichten, daß 59 Prozent einer Gruppe inhaftierter Vergewaltiger in ihrer Jugend von einer Frau sexuell mißbraucht worden seien. Diese hohen Zahlen werden oft als Unterstützung der These eines engen Zusammenhangs zwischen der Erfahrung eigenen Mißbrauchtseins und späterem Täterverhalten gesehen. Bei den meisten untersuchten Tätergruppen besteht jedoch ein hohes Maß an Selektivität: Im Visier sind fast ausschließlich inhaftierte Täter. Das hat einige Konsequenzen für die Untersuchungsergebnisse, die Theoriebildung bezüglich des Täterverhaltens und den unterstellten Zusammenhang zwischen Opfer- und Täterschaft. Zunächst einmal besteht die Möglichkeit, daß die Mißbrauchserfahrung von einem Teil der inhaftierten Täter fingiert wird, um Verständnis für die eigenen Taten zu erzeugen oder eine Strafminderung oder -erleichterung herauszuschlagen. Das gilt hauptsächlich für die Vereinigten Staaten, wo die Gefängnisstrafen für Sexualdelikte sehr hoch sind. Weiter laufen die gesellschaftlich besser situierten Täter weniger Gefahr, inhaftiert zu werden, als Täter aus den sozial und wirtschaftlich schwächeren Gruppen: Die erste Gruppe hat größere finanzielle und sonstige Möglichkeiten, eine gute Verteidigung vor Gericht zu organisieren. Außerdem werden in vielen Ländern Verdächtige aus den sozial und wirtschaftlich schwächeren Gruppen bei vergleichbaren Delikten schneller verurteilt und härter bestraft. Täter aus den sozial und wirtschaftlich schwächeren Gruppen tragen also ein höheres Verurteilungsrisiko und waren außerdem als Kinder stärker in Gefahr, sexuell mißbraucht zu werden. Inhaftierte Täter sind also nicht repräsentativ für die Tätergruppe insgesamt, denn Menschen aus den sozial und wirtschaftlich schwächeren Schichten sind darin überrepräsentiert.

Die Mehrheit sowohl der Opfer als auch der Täter, die bekannt werden, stammt also aus Problemfamilien und aus den sozial und wirtschaftlich schwächeren Schichten. Wir haben es hier demnach mit einer Gruppe zu tun, die ein erhöhtes Risiko läuft, sexuell mißbraucht zu werden, später selbst Täterverhalten zu entwickeln, mit Polizei und Justiz in Berührung zu kommen und inhaftiert zu werden. In diesem Fall ist es wahrscheinlicher, daß sowohl das Erleiden sexuellen Mißbrauchs als auch das Täterverhalten zum großen Teil der Situation zuzuschreiben sind, in der diese Menschen aufwachsen. Die These, Täterverhalten gehe aus sexuellem Mißbrauch hervor, klingt dann schon weniger plausibel: Der Zusammenhang ist kein direkter und ursächlicher, sondern ergibt sich aus einem gemeinsamen sozialen Hintergrund.

Die meisten untersuchten Gruppen sind überdies recht selektiv zusammengestellt. Sexueller Mißbrauch bleibt häufig unentdeckt und wird erst bekannt, wenn Jungen oder Männer zu Tätern werden oder sich ansonsten kriminell verhalten. Ein verzerrtes Bild entsteht, weil sexuell mißbrauchte Täter in verschiedenen untersuchten Gruppen überrepräsentiert sind.

Wenn bei Formen von Kindesmißhandlung nach dem Zusammenhang zwischen eigenem Mißhandeltsein und späterer Täterschaft gesucht wird, erweist sich dieser Zusammenhang als recht schwach. Nur eine Minderheit (10-15 bis 30 Prozent) der mißhandelnden Eltern ist selbst in der Jugend mißhandelt worden.[13] Nach Starr (1982) ist bei Eltern, die ihre Kinder mißhandeln, und Eltern, die das nicht tun, der Prozentsatz der in der eigenen Jugend Mißhandelten gleich groß. Smith u.a. (1984) hatten in der von ihnen untersuchten Gruppe von 313 in ihrer Jugend physisch mißhandelten Erwachsenen bei lediglich zehn Fällen die Vermutung, daß diese wiederum die eigenen Kinder mißhandelten. Baartman (1987) bringt hauptsächlich die früher von den Eltern erfahrene Lieblosigkeit in Verbindung mit der Mißhandlung der eigenen Kinder. Auch andere AutorInnen nennen diesen Zusammenhang.[14]

Die meisten in Studien über Art und Entstehung von Kindesmißhandlung untersuchten Personen waren *nicht-inhaftierte* Täter; in Untersuchungen zu sexuellem Mißbrauch dagegen sind oder waren die meisten Täter inhaftiert. Es ginge zu weit, Kindesmißhandlung und sexuellen Mißbrauch miteinander gleichzusetzen, aber dennoch könnte dieser Unterschied ein Hinweis dafür sein, inwieweit der Faktor „Inhaftierung der Täter" das Bild bezüglich des Zusammenhangs zwischen eigener Viktimisierung und späterem Täterverhalten verzerrt.

In der Fachliteratur zu sexuellem Mißbrauch werden viele Mechanismen ebenfalls oft auf qualitative Weise beschrieben. Anhand dieser Mechanismen soll angeblich erklärt werden können, wie und weshalb sexuell mißbrauchte Jungen später selbst zu Tätern werden. Dies geschieht jedoch häufig nicht auf korrekte Weise. In der Einleitung werden meistens hohe Prozentzahlen selbst mißbrauchter Täter zitiert, wonach man zur Besprechung verschiedener psychischer Mechanismen übergeht, die das Täterverhalten angeblich aus dem sexuellen Mißbrauch heraus erklären. Diese für sich genommen plausiblen Mechanismen werden in manchen Fällen zutreffend sein; es wird jedoch der Eindruck erweckt, als seien sie eher die allgemeine Regel als eine Beschreibung individueller Fälle. An dieser Stelle sollen nun neun solcher Mechanismen beschrieben werden:

Zunächst die *übermäßige sexuelle Aktivität und Aufmerksamkeit für Sexuelles,* die oft bei Opfern sexuellen Mißbrauchs festgestellt wird. Dieses Verhalten soll bei kleinen und größeren Kindern, Jugendlichen und Erwachsenen gleichermaßen direkt zu Täterverhalten führen können. Man geht davon aus, daß in manchen Situationen die Wahrscheinlichkeit groß ist, daß so jemand die Kontrolle über sich verliert und eine andere Person zum Sexualkontakt zwingt.

Weiter wird der unbewußte *Wiederholungszwang* als eine der möglichen Folgen sexuellen Mißbrauchs beschrieben. Das Opfer wiederhole den Mißbrauch, doch jetzt in der Rolle des Täters. Viele Täter, die in ihrer Jugend mißbraucht worden seien, praktizierten bei ihren Opfern die gleichen sexuellen Handlungen, denen sie sich selbst hätten unterwerfen müssen. Auch wählten sie häufig Kinder des gleichen Alters aus, das sie zur Zeit des eigenen Mißbrauchtwerdens hatten.

Soziale Lernprozesse und Imitation des dargebotenen Beispiels werden ebenfalls als ein wichtiges Bindeglied zwischen eigener Viktimisierung und späterem Täterverhalten angesehen. Anhand eigener Viktimisierung werde dem Jungen Täterverhalten beigebracht. Oft werde sexuelles Verhalten vom Täter bestärkt und belohnt. Der Lerneffekt der eigenen Viktimisierung sei außerdem größer, wenn das Kind während des Mißbrauchs erotische Gefühle gehabt habe, sowie auch dann, wenn der Täter ein Elternteil gewesen sei. Calderone (1983) bezeichnet das Alter zwischen 2 und 5 Jahren als die sensibelste Zeit in der Entwicklung des Kindes, was das Erlernen von Sexualverhalten angeht. Besonders Kinder, die in diesem Alter mißbraucht worden seien, liefen ein erhöhtes Risiko, sich Täterverhalten anzueignen. Freeman-Longo (1986) fügt dem noch hinzu, daß die meisten Täter mit Viktimisierungen mehrere Male und über längere Zeit hinweg von verschiedenen TäterInnen mißbraucht worden seien. Dies kann die Hypothese unterstützen, daß Täterverhalten durch die Erfahrung eigenen Mißbrauchtseins erlernt wird.

Gefühle eigener Machtlosigkeit und die Sehnsucht, die durch den Mißbrauch verlorene Kontrolle zurückzugewinnen, könnten ebenfalls ein wichtiger Nährboden für späteres Täterverhalten sein. Nach Rada (1978) ist die stärkste Motivation für Täterverhalten der Erwerb von Macht und Kontrolle über andere. Manche mißbrauchten Jungen sähen Täterverhalten als die beste Art, Machtlosigkeit und Mangel an Kontrolle zu kompensieren oder zu bekämpfen.

Rachegefühle gegenüber dem Täter oder der Täterin sind ein möglicher Anlaß, zu Täterverhalten überzugehen. Diese Rachegefühle müssen nicht auf den Täter bzw. die Täterin selbst, sondern können auch auf andere gerichtet sein. Boszormenyi-Nagy (1984) spricht in diesem Zusammenhang von „destruktiver Gerechtigkeit". Das bedeutet, daß die Rechnung, die das Kind bei Mißhandlung oder sexuellem Mißbrauch innerhalb der Familie mit den Eltern zu begleichen hat, später an den eigenen Kindern abgegolten wird. So erklärt Nagy die Weitergabe von Mißhandlung und sexuellem Mißbrauch von Generation zu Generation. Doch auch Menschen außerhalb der Familie können zum Ziel von Rachegefühlen in Form von Täterverhalten werden.

Die Verwendung unangemessener Streßverarbeitungsstrategien wie Rationalisierung, Verdrängung und Dissoziierung könnte auch zu Täterverhalten führen. Freeman-Longo (1986) entdeckte, daß viele vormals mißbrauchte Täter beim Sprechen über den von ihnen selbst erfahrenen Mißbrauch sexuell erregt wurden. Nach Freeman-Longo haben diese Täter ihren eigenen Mißbrauch in ihrem Erleben zu einer angenehmen Erfahrung umgeformt. Die schlechten, unangenehmen und bedrohlichen Aspekte ihres Mißbrauchs sind verdrängt. Burgess u.a. (1987) fügen hinzu, daß Opfer, die später TäterInnen würden, jenen Teil ihrer selbst abgetrennt hätten, in dem sie während des erlebten Mißbrauchs verletzt, beschädigt und erniedrigt wurden. Dadurch hätten sie überhaupt kein Mitleid mit ihren Opfern und seien auch nicht imstande, sich in das Leid desjenigen hineinzuversetzen, den sie mißbrauchten. Oft meinten sie sogar, ihr Opfer empfinde den Mißbrauch als angenehm oder neutral, und seien im nachhinein, bei der Konfrontation mit dem, was sie getan haben, sehr erstaunt über das von ihnen angerichtete Leid.

Späteres Täterverhalten könnte auch aus einer *abweichenden Identitätsentwicklung* des sexuell mißbrauchten Menschen hervorgehen. Viele Opfer sexuellen Mißbrauchs betrachten sich selbst als schlecht, sündig, „verseucht", anormal und wertlos. Sie fühlen sich schuldig an dem Mißbrauch, und diese Gefühle und Denkmuster in bezug auf sich selbst werden vielfach noch vom sozialen Umfeld verstärkt. Das Internalisieren dieser Gefühle und Denkmuster kann zu einer *Identifikation mit dem Aggressor* führen. Man wird sich dann der Täteridentität entsprechend verhalten, um diese Gefühle und Denkmuster akzeptabel und handhabbar zu machen. Davis (1971) hat einen derartigen Prozeß bei sexuell mißbrauchten Frauen, die später in der Prostitution landeten, beschrieben. Nach Finkelhor (1987) geht späteres Täterverhalten als Folge sexuellen

Mißbrauchs hauptsächlich aus der *Deformation des Wissens über Sexualität und sexuelles Verhalten* hervor. Durch den Mißbrauch übernehme der Junge eine Reihe unrichtiger Meinungen über Sexualität und sexuelle Moral. Sexuelles Verhalten könne als eine Aggressionsäußerung verstanden und eingesetzt werden, als ein Mittel, Kontrolle über andere Menschen zu erlangen sowie als Möglichkeit, andere zu manipulieren.

Zum Schluß soll Täterverhalten auch aus der *Kopplung von Sexualität und Aggression* hervorgehen können. Ein sexuell mißbrauchter Junge könne dadurch seine Sexualität auf aggressive Weise erleben. Sexuelle Befriedigung ohne Aggression sei dann nicht oder nur teilweise möglich.

Von den obengenannten Mechanismen ist kein einziger ausreichend durch empirische Forschung belegt. Sie sind eher das Resultat von Theoretisierungen als von hieb- und stichfesten Untersuchungen. Auf die gleiche Art könnte man bei männlichen Opfern auch Mechanismen beschreiben, die die Wahrscheinlichkeit eines späteren Täterverhaltens verringern. So ist vorstellbar, daß viele sexuell mißbrauchte Männer eine starke Abneigung oder Angst gegenüber Sexualität entwickelt haben und aus diesem Grund sehr viel schwieriger zu einem eventuellen Täterverhalten gelangen als Männer, die nicht sexuell mißbraucht wurden. Die Erfahrung eigenen Mißbrauchtseins kann dem Opfer außerdem bewußt machen, was es anderen durch sexuellen Mißbrauch antun würde. Derartige Mechanismen werden jedoch nirgendwo in der Fachliteratur beschrieben. Offenbar liegt es nahe, Jungen und Männern innerhalb des Bereichs sexueller Mißbrauch eine Täterrolle zuzuweisen, auch wenn es dabei um Menschen geht, die selbst mißbraucht worden sind. Zudem zeigen Friedrich u.a. (1986, 1988) mit ihren Untersuchungen auf, daß das übermäßig sexualisierte Verhalten vieler mißbrauchter Männer nicht zu sexuell aggressivem Verhalten zu führen braucht. Dazu bedarf es weiterer Faktoren, wie sie am Anfang dieses Kapitels beschrieben wurden. Sexueller Mißbrauch, um es noch einmal zu sagen, fügt ihrer Meinung nach einem ohnehin schon vorhandenen aggressiven Verhalten lediglich eine sexuelle Komponente hinzu.

Die Vorstellung, daß sexueller Mißbrauch bei Jungen und Männern zu Täterverhalten führt, hat eine Reihe wichtiger gesellschaftlicher Konsequenzen, besonders wenn sie von der Allgemeinheit aufgegriffen wird.

Erstens kann diese Auffassung das herrschende Tabu rund um sexuellen Mißbrauch von Jungen und Männern noch einmal verstärken: Die Opfer laufen Gefahr, als eventuelle oder künftige Täter gebrandmarkt zu werden. Zweitens wird es wegen des strengeren Tabus für männliche Opfer noch schwerer, sich an Anlauf- und Beratungsstellen zu wenden. Das wird die soziale Isolation vielfach vergrößern, und die Probleme werden an Schwere zunehmen, da noch seltener frühzeitig nach Hilfe gesucht wird. Drittens besteht die Gefahr, daß die Erwartung, sexuell mißbrauchte Jungen würden später zu Tätern, zu einer sich selbst erfüllenden Prophezeihung wird. Eine derartige, allgemein akzeptierte Erwartung würde einer abweichenden Identitätsentwicklung und damit einer Identifikation mit der Täterrolle gegebenenfalls Vorschub leisten. Sowohl der Junge selbst als auch dessen Umfeld wird ja ein Täterverhalten erwarten oder befürchten. Das wiederum kann tatsächlich ein solches Täterverhalten hervorrufen. Viertens würden die Beratungs- und Therapieangebote für männliche Opfer sich womöglich zu sehr auf die Prävention von Täterverhalten ausrichten. Für die Aufarbeitung der Probleme des sexuell mißbrauchten Jungen bliebe dann entsprechend weniger Raum. Fünftens kann die Vorstellung, daß mißbrauchte Jungen später Täter werden können, das Entstehen eines Vertrauensverhältnisses zu den professionellen HelferInnen erschweren. Einerseits hegen diese dann womöglich Gefühle von Widerstand und Antipathie gegenüber dem Klienten, weil sie meinen, es mit einem potentiellen oder künftigen Täter zu tun zu haben, andererseits kann der mißbrauchte Klient den Eindruck gewinnen, die HelferInnen sähen in ihm nur den potentiellen Täter und stigmatisierten ihn deswegen. Beides schadet der therapeutischen Arbeit.

Zum Schluß ein eher ethisch motivierter Einwand. Die Unterstellung eines direkten, ursächlichen Zusammenhangs zwischen der Erfahrung sexuellen Mißbrauchtseins und Täterverhalten gerät schon in die Nähe einer Vorabbeschuldigung des Jungen wegen einer Tat, die er nicht verübt hat und vermutlich auch nicht verüben wird. Obwohl diese Beschuldigung innerhalb der Wissenschaft wahrscheinlich nie intendiert oder geäußert werden wird, kommt man nicht umhin, zuzugestehen, daß die Allgemeinheit diese Gedankenverbindung sehr wohl als eine derartige Anschuldigung auffassen wird. Uns muß bewußt sein, daß sexueller

Mißbrauch in unserer Gesellschaft als eines der schlimmsten Verbrechen gilt, die ein Mensch begehen kann. Die Erörterung eines möglichen Zusammenhangs zwischen Viktimisierung und späterem Täterverhalten muß deshalb mit großer Vorsicht erfolgen. Mögliche gesellschaftliche Konsequenzen entsprechender Aussagen müssen dabei immer im Auge behalten werden.

Die Folgen

Jan

Jans Leben ist von Verwirrung und einem Mangel an Struktur gekennzeichnet: „Ich führe ein Leben der Suche und der Flucht." Jan hat keine einzige Ausbildung beendet. Oft treibt er sich tagelang herum, wobei er häufig viel trinkt, Haschisch raucht und sich mit Schnüffelstoffen berauscht. Gelegentlich nimmt er auch harte Drogen. Seine Sozialhilfe ist meistens schnell verbraucht, weil er nicht mit Geld umzugehen weiß. Ab und zu stiehlt er in Geschäften Lebensmittel und Kleidung. Er bricht auch regelmäßig in Wohnungen, Wohnwagen und Supermärkte ein. Er kennt ziemlich viele Leute, aber niemanden wirklich gut. Jan hat keine echten Freunde. Er unterhält vielfältige Sexualkontakte, zu Männern ebenso wie zu Frauen. Darin gibt er sich passiv und läßt mit sich machen. Manchmal tut er es auch im Austausch für Geld oder sonstige Gegenleistungen. Er behauptet nicht zu wissen, was Intimität und Befriedigung sind. Während sexueller Kontakte gerät Jan oft in einen Zustand der Bewußtseinseinengung, in eine Art Trance. Manchmal kann er nur schwer die Grenze zwischen freiwilligem Sex und Mißbrauch ziehen. Er hat absolut keine Ahnung, ob er sich selbst als homo-, hetero- oder bisexuell sieht und fragt sich, ob das denn einen Unterschied macht.

Jans Stimmungen sind sehr wechselhaft; mal ist er fröhlich und voller Begeisterung, dann wieder wütend und aggressiv oder auch passiv und niedergeschlagen. Obwohl er schon Sachwerte zerstört hat, hat er nie Gewalt gegen Menschen angewandt. Wenn er von jemandem bedroht wird, rennt er so schnell wie möglich davon oder läßt sich einfach zusammenschlagen. Es scheint ihm nicht viel auszumachen: „Das gehört halt dazu, nicht?" Jan hat auch keine Pläne für die Zukunft und weiß nicht, was er mit seinem Leben anfangen will. Ihm fehlt eine innere Basis, von der aus er eigene Entscheidungen treffen könnte. Dieses Problem löst er oft dahingehend, daß er symbiotische Beziehungen eingeht. Dann muß der oder die andere die Entscheidungen für ihn treffen. Diese Beziehungen dauern meistens nicht länger als einige Monate, und Jan wird während dieser Zeit oft mißbraucht, auch sexuell. Die Symbiose ist für ihn ein Ersatz für Intimität und Vertrauen.

Erwin

Erwin erbringt nach wie vor gute schulische Leistungen, doch sozial und emotional geht es ihm immer schlechter. Er hat nahezu überhaupt keine Freunde und ist oft düster und in sich gekehrt. Er zweifelt an sich und seiner sexuellen Identität. Erwin hat Angst, homosexuell zu sein oder dafür angesehen zu werden. Er entwickelt ein Magengeschwür und hat häufig Schmerzen im unteren Rückenbereich. Nach Abschluß der Oberschule macht er einen Selbstmordversuch und landet in einer psychiatrischen Klinik.

Erwin unternimmt vereinzelte Versuche, in der Abteilung, in die er aufgenommen wurde, über seine Mißbrauchserfahrungen zu sprechen, doch glaubt man ihm dort nicht. Das verstärkt sein Schuldgefühl, vor allem, nachdem einige MitarbeiterInnen behauptet hatten, es habe sich um „freiwillige sexuelle Kontakte mit seinem Vater" gehandelt. Erwin geht zur Selbstbestrafung über, indem er sich verwundet; unter anderem schneidet er sich mit einem Rasiermesser in Arme, Brust und Beine. Manchmal meint er Stimmen zu hören, die ihm sagen: „Du hast es selbst gewollt, du hast es doch eigentlich schön gefunden, du bist ein Schwuler." Bisweilen meint er in diesen Stimmen die seines Vaters zu erkennen.

Nach einer Zeit schwerer Selbstverwundungen, schwerer Anfälle von Hyperventilation und heftigen Wutausbrüchen unternimmt Erwin erneut einen Selbstmordversuch. Daraufhin wird er auf eine geschlossene Krisenabteilung verlegt. Dort bleibt er einige Monate, findet jedoch keine Unterstützung für die Bearbeitung seiner Mißbrauchserfahrungen.

Koen

Vor dem Mißbrauch war Koen ein aktiver und sportlicher Junge, der sich in jeglicher Hinsicht normal entwickelte. Er war gut in der Schule und hatte viele Freunde.

Nach dem Mißbrauch fühlte er, wie er in einer „dunklen, beängstigenden Tiefe" versank. Er schämte sich sehr für das, was ihm widerfahren war, und hatte Angst, andere würden dahinterkommen. „Meine größte Angst war, die Bademeister würden es selber weitererzählen." Koen wurde immer mißtrauischer und argwöhnischer. „Immer, wenn jemand mich lachend anschaute, dachte ich, ich werde ausgelacht, weil man wüßte, was mir zugestoßen war." Auch glaubte er, seine Eltern wüßten von dem Mißbrauch und würden ihn deshalb verachten. Sie danach zu fragen hat er nie gewagt.

Er wurde immer niedergeschlagener und ängstlicher, zog sich mehr und mehr zurück. Jeden Tag verbrachte er Stunden auf seinem Zimmer und grübelte. Er ekelte sich immer mehr vor dem eigenen Körper, empfand sich als häßlich und wagte es zuletzt nur noch im Dunkeln, sich auszuziehen und zu duschen. Nachts hatte er oft Alpträume (nicht immer von dem Mißbrauch) und schlief schlecht. Im Alter zwischen 14 und 16 Jahren wurde er wieder zum Bettnässer, was er seit seinem 4. Lebensjahr nicht mehr gewesen war. Das verschlimmerte seine Scham nur noch, auch wegen der spöttischen Bemerkungen seiner Eltern und Geschwister. Nach dem Abitur studierte Koen Physik und wohnte allein auf einer Studentenbude. Bei seinen Kommilitonen und der Studentenverbindung, deren Mitglied er war, fand er wenig Anschluß. Die Erniedrigungen, denen Koen sich bei den Inkorporationsritualen der Verbindung unterwerfen mußte, brachten ihn soweit, daß er weinend auf sein Zimmer floh. „Dadurch betrachteten mich alle als Waschlappen, und ich wurde nicht akzeptiert." Am Tag nach der Inkorporation erlebte Koen den Mißbrauch in Flashbacks. „Es war, als hätte das dem Trauma noch einmal neues Leben eingehaucht."

Von seinem 19. bis zum 20. Lebensjahr plagten ihn diese Flashbacks häufig; meistens machten sie ihn wütend. Diese Wut konnte er jedoch nicht äußern; er wußte sich keinen Rat damit. Mit 20 verliebte er sich in eine Frau. Es entstand eine kurzlebige Beziehung, in der er panisch wurde, wenn die Frau sexuellen Kontakt zu ihm suchte. Koen war rund um die Uhr in Angst, obwohl er nicht genau wußte, weshalb. Auch fing er an zu glauben, er sei homosexuell, obwohl er sich zu Jungen und Männern nie sexuell hingezogen fühlte. Er war imstande, einzusehen, daß diese Gedanken irrational waren, aber trotzdem wurde er dieses Gefühl nicht los.

4. KAPITEL

Die Folgen sexuellen Mißbrauchs bei Jungen und Männern: Modelle und Theorien

In der Fachliteratur läßt sich eine große Zahl von Modellen und Theorien finden, die die Folgen sexuellen Mißbrauchs zu beschreiben und zu erklären versuchen. Manche dieser Darstellungen beziehen sich eigens auf sexuell mißbrauchte Jungen und Männer, andere auf mißbrauchte Männer und Frauen gleichermaßen. Im ersten Teil dieses Kapitels passieren die wichtigsten von ihnen Revue. Im zweiten Teil wird ein Ansatz zu einem heuristischen Traumatisierungsmodell präsentiert, um die Entwicklung besserer und vielseitigerer Modelle anzuregen.

Modelle in der Fachliteratur

Die Modelle und Theorien zu sexuellem Mißbrauch bei Jungen und Männern, die in der Fachliteratur zu finden sind, lassen sich in vier Gruppen einteilen: Modelle, die mit den Begriffen Posttraumatische Belastungsstörung *(Post Traumatic Stress Disorder,* PTSD) und Dissoziation bezeichnet werden, phänomenologische Modelle, soziale Interaktionsmodelle und schließlich psychosomatische Modelle.

Wie gesagt, sind manche Modelle auf sexuell mißbrauchte Frauen und Männer gleichermaßen anwendbar. Wo im Text die Rede von einem „Kind" ist, kann also auch „Junge" gelesen werden. Wenn es in der Fachliteratur speziell um Jungen geht, wird dies angegeben.

Posttraumatische Belastungsstörung (PTSD) und Dissoziationsmodelle

In den letzten Jahren wird das infolge sexuellen Mißbrauchs entstehende Trauma oft mit den Begriffen Posttraumatische Belastungsstörung (PTSD) und dissoziative Störungen bezeichnet. Im DSM-III-R *(Diagnostisches und Statistisches Manual Psychischer Störungen,* 1987; dt. 1991), der gängigsten Klassifikation psychischer Störungen, wird die Posttraumatische Belastungsstörung ausführlich beschrieben (siehe Anhang 2). Von dieser Symptomatik ist dann die Rede, wenn jemand eine ungewöhnliche Erfahrung gemacht hat, die für nahezu jeden Menschen stark belastend wäre. Außerdem wird das Trauma ständig wiedererlebt, beispielsweise durch ständig wiederkehrende Erinnerungen, Träume, Flashbacks oder Assoziationen. Daneben versucht man mit dem Trauma verbundene Stimuli zu vermeiden, oder es liegt eine allgemeine emotionale Abstumpfung („Einschränkung der allgemeinen Reagibilität") vor, die vor dem Trauma nicht vorhanden war. Dies kann sich etwa an dem aktiven Vermeiden von Gedanken oder Situationen zeigen, die Erinnerungen an das Trauma hervorrufen, oder an teilweisem oder völligem Gedächtnisverlust bezüglich des Geschehenen („psychogene Amnesie"). Es kann sich des weiteren auch in einer gleichgültigen Lebenshaltung äußern, sowie in einer geringen Empfindsamkeit und dem Gefühl einer überschatteten Zukunft. Außerdem gibt es anhaltende Symptome eines erhöhten Erregungsniveaus, die vor dem Trauma nicht vorlagen: Ein- oder Durchschlafstörungen, Reizbarkeit oder Wutausbrüche, Konzentrationsschwierigkeiten, Hypervigilanz und übertriebene Schreckreaktionen sind Anzeichen eines derartigen Zustands. Die Symptome müssen länger als einen Monat andauern.

Von dissoziativen Störungen ist die Rede, wenn eine Störung oder Veränderung der normalen integrativen Funktionen des Bewußtseins, der Identität oder des Gedächtnisses auftritt. Diese Störungen können plötzlich oder allmählich auftreten und vorübergehender oder chronischer Natur sein. Wenn hauptsächlich die Identität gestört oder verändert ist, wird die eigentliche Identität zeitweise vergessen oder gegen eine neue eingetauscht (multiple Persönlichkeit). Auch kann es geschehen, daß jemand das Gefühl für die Realität verliert (Depersonalisation). Wenn hauptsächlich das Gedächtnis gestört oder verändert ist, können bestimmte wichtige Ereignisse nicht mehr erinnert werden (psychogene Amnesie und psychogene Fugue).

Der Begriff Dissoziation wird, hauptsächlich in der Beratungsarbeit, auch in einer anderen Bedeutung verwendet. Mit Dissoziation meint man dann meistens eine Spaltung zwischen Gefühl und Verstand, die gewissermaßen getrennt voneinander operieren und sich oft widersprechen. Für eine solche Interpretation des Begriffs Dissoziation liegen jedoch keine klaren Definitionen und Kriterien vor. Hier wird die DSM-III-R-Beschreibung verwendet, weil diese sich mit der von den AutorInnen der hier genannten PTSD- und Dissoziationsmodelle gehandhabten Definition deckt.

Posttraumatische Belastungsstörung und dissoziative Störungen sind in gewisser Weise zwei entgegengesetzte Pole. Beiden Erkrankungen liegt ein traumatisierendes Ereignis zugrunde, doch die Reaktion darauf ist entgegengesetzt. Menschen mit einer Posttraumatischen Belastungsstörung gelingt es nicht, Distanz zu ihrem Trauma zu gewinnen; sie sind andauernd damit beschäftigt. Menschen mit dissoziativen Störungen dagegen schaffen zuviel Abstand, sogar so viel, daß das Trauma gänzlich aus dem Bewußtsein vertrieben wird. Das erfordert kräftige Mechanismen, die sogar so weit gehen können, daß eine Veränderung oder ein Verlust von Identität, Gedächtnis oder Bewußtsein stattfindet.

Vielleicht das bekannteste Traumatisierungsmodell in der Fachliteratur über männliche Opfer ist das von Horowitz (1979). Er führt den Begriff „Schockverarbeitungssyndrom" ein. Das ist ein Verarbeitungsprozeß, bei dem zweierlei Erfahrungen einander abwechseln: *Verdrängung* und *erneutes Durchleben*. Verdrängungen sind das Ergebnis eines psychischen Prozesses. Das Trauma und seine Folgen werden aus dem Bewußtsein verbannt. Das kann sich äußern in emotionaler Lähmung, Verlust von Realitätsbewußtsein und dem Vermeiden von Gedanken an das Trauma sowie von Ereignissen und Situationen, die daran erinnern. Bei erneutem Durchleben kommen Gefühle und Vorstellungen, die mit dem Trauma zu tun haben, wiederum sehr stark auf. Es wird dadurch erneut ganz oder teilweise erlebt. Erfahrungen erneuten Durchlebens sind beispielsweise Alpträume, Flashbacks, das Aufkommen starker Emotionen, Panikanfälle und mit dem Trauma im Zusammenhang stehende Tagträume. Nach Horowitz gibt es im menschlichen Geist eine „Neigung, die Dinge abzurunden" (*„completion tendency")*. Das bedeutet, daß das Individuum die traumatische Erfahrung nachträglich in die bestehenden Denkschemata zu integrieren versucht. Die Erinnerungen bleiben aktiv, bis die Integration vollbracht ist. Solche Erfahrungen erneuten Durchlebens tendieren dazu, andere emotionale und intellektuelle Funktionen zu unterbrechen. Die Verdrängungen fungieren als Abwehrmechanismen, um das Wiedererleben unter Kontrolle zu halten und zu verändern. In diesem fortdauernden Wechsel findet dann eine allmähliche Integration des Traumas in die existierenden Denkschemata des Individuums statt. Trauma und Denkschemata werden also dahingehend verändert, daß sie zueinander passen und integriert werden können. In einer solchen Verarbeitungsphase nimmt das Realitätsbewußtsein zu, und das Wiedererleben wird weniger intensiv und vielfältig. Die Stimmung wird auf Dauer stabiler, und die Bedeutung des Traumas wird mehr und mehr akzeptiert (siehe Anhang 3).

Ein Modell, das einige starke Übereinstimmungen mit dem Horowitzschen aufweist, ist das PTSD-Modell von Janoff-Bulman (1985). Darin stören traumatische Ereignisse wie sexueller Mißbrauch die Denkschemata des Individuums in bezug auf sich selbst und die Welt, in der es lebt. Beispiele derartiger Denkschemata sind: „Ich bin in Sicherheit, ich bin gut." „Die Welt ist gerecht: Schlechten Menschen passieren schlechte Dinge, guten Menschen passieren gute Dinge." Streß, Angst und PTSD-Symptome entstehen, wenn man aus dem Gleichgewicht gerät und diese Schemata gestört werden. Die neuen Denkschemata wollen nur schlecht zu den alten passen, etwa: „Ich bin gut, also kann es nicht passiert sein", oder: „Ich bin doch schlecht." Während des Verarbeitungsprozesses wird der Unterschied zwischen den ursprünglichen und den neuen Denkschemata aufgehoben.

Burgess, Hartman und McCormack (1987) präsentieren in ihrer Untersuchung bezüglich eventueller Zusammenhänge zwischen der Erfahrung des Mißbrauchtseins und eigenem Täterverhalten ein Dreiphasenmodell, in dem Dissoziation und PTSD-Symptome eine Hauptrolle spielen. Als erste Phase wird die Situation vor dem sexuellen Mißbrauch bezeichnet. Burgess und andere finden bei Tätern, die selbst mißbraucht wurden, oft eine instabile häusliche Situation, Probleme zwischen den Eltern, Kriminalität in der Verwandtschaft, Alkohol- und Drogenmißbrauch in der Familie sowie emotionale Isolation und körperliche Mißhandlung des Kindes. Diese Faktoren trügen zur Entstehung aggressiven, abweichenden oder kriminellen Verhaltens bei. Das Kind lerne von den Eltern, sich aggressiv zu verhalten und keine Rücksicht auf andere zu nehmen. Phase zwei betrifft den sexuellen Mißbrauch selbst. Das Mißbrauchtsein rufe Rachegefühle hervor, aber auch das starke Bedürfnis, die dabei erfahrene Machtlosigkeit zu kompensieren oder ungeschehen zu machen, indem man selbst Kontrolle über kleinere Kinder ausübt und dort „den Boß markiert". Derjenige, der sexuell mißbraucht worden sei, werde Täter, indem er diese Erfahrung bei kleineren Kindern „nachspiele". Er sei ohne Mitleid, weil er sein Einfühlungsvermögen bezüglich des Teils seiner selbst, in dem er durch den Mißbrauch verletzt und erniedrigt worden ist, dissoziiert habe. Die Einkapselung des Traumas beginnt dann mit Dissoziation: Es entstehen zwei getrennte Schemata, ein nach außen gerichtetes Muster aggressiven Abreagierens und ein nach innen gerichtetes Schema der Vermeidung oder des Rückzugs. Die Kombination dieser Abspaltungen zusammen mit den Erfahrungen aus der häuslichen Situation vergrößern die Gefahr, daß das Opfer selbst sexuell aggressiv wird. Schließlich folgt die dritte oder posttraumatische Phase, deren Merkmal der Kampf gegen die eigene Angst und gegen die negativen Reaktionen des Umfelds ist. Es treten dann PTSD-Symptome auf, die oft mit Alkohol oder Drogen bekämpft werden, und zwar sowohl beruhigenden (gegen Streß und Angst) als auch stimulierenden Drogen (gegen emotionale Lähmung und Depression).

Das Modell von Shengold (1979) bezieht sich lediglich auf sexuellen Mißbrauch innerhalb der Familie. Er führt den Begriff *„Vertical Split in Reality-Testing"* ein. Der Terminus „vertikal" bezieht sich auf die Eltern-Kind-Beziehung: Es entsteht ein Gegensatz zwischen dem Bewußtsein, daß der „schlechte" Elternteil – der Täter – dennoch gebraucht wird zum Schutz und Trost, zur Unterstützung und für die Entwicklung einer eigenen Identität. Das Kind versucht, diese Diskrepanz zu beheben, indem es seine Wahrnehmung der Wirklichkeit verändert und den Elternteil wieder als „gut" betrachtet. Der Elternteil übermittelt dem Kind die Botschaft, daß es über den Mißbrauch den Mund halten muß, weil sonst die Familie auseinanderbrechen würde. Das Kind erhält so alle Macht und Verantwortung hinsichtlich der Familie. Es hat die Macht, die

Familie zu vernichten, und also die Verantwortung, diese zusammenzuhalten und zu beschützen. Dem Kind wird die „Mutterrolle" zugeteilt: Es muß die Belange der anderen an die erste Stelle setzen und Selbstkontrolle üben, um den Fortbestand der Familie zu gewährleisten. Eine solche Elternrolle auf sich zu nehmen oder zugewiesen zu bekommen bezeichnet man auch mit dem Begriff „Parentifizierung". Damit tritt eine moralische Spaltung auf: Eine Lüge muß aufrechterhalten, das Geheimnis gewahrt werden. Die Wahrheit zu erzählen hätte schließlich katastrophale Folgen. So läßt das Kind den Sexualkontakt klaglos stattfinden.

Um die Situation erträglich und lebbar zu machen und die Familie zu schützen, bildet das Kind die Wirklichkeit um, indem es sich beispielsweise imaginäre FreundInnen erschafft, mit denen es alles teilen kann. Diese Umbildung kann auch zur Entwicklung einer multiplen Persönlichkeit führen. In den verschiedenen Persönlichkeiten können dann die widerstreitenden Gefühle einen Platz bekommen, etwa Aggression und Rache in der ersten Persönlichkeit; Hilflosigkeit und Leid in einer zweiten; Liebe, Einfühlungsvermögen und Zärtlichkeit in einer dritten. Auch kann das Kind den Bewußtseinszustand wandeln, um die Wirklichkeit zu verändern: Schmerz und Streß werden aus dem Bewußtsein verbannt, indem es sich in einen trancehaften Dämmerzustand begibt. Bisweilen kommt es vor, daß das Kind sich die Erinnerung an den Mißbrauch und damit zusammenhängende Situationen und Ereignisse nicht oder kaum mehr ins Bewußtsein holen kann (psychogene Amnesie). Es kann sich auch ganz vom eigenen Körper oder der eigenen Person distanzieren (Depersonalisation).

Das Selbstbild des Kindes wird unter diesen Umständen natürlich negativ beeinflußt, was noch dadurch verstärkt wird, daß Kinder oft für den Mißbrauch belohnt werden, und zwar in Form von Privilegien oder Geschenken. Auf diese Weise entsteht bei vielen sexuell mißbrauchten Kindern ein „Prostituierten-Selbstbild", das mit starken Schuldgefühlen, Selbsthaß und Selbstekel einhergeht.

Nach Shengold, der davon ausgeht, daß der Täter nahezu immer der Vater ist, hat die Tatsache, daß die Mutter den Mißbrauch nicht beenden kann oder will, ebenfalls einen negativen Einfluß. Das Kind fühlt sich im Stich gelassen und denkt, es sei derartig schlecht, daß die Mutter es nicht der Mühe wert befände, es zu beschützen und lieb zu haben. Das

Kind entwickelt eine Fassade nach außen hin, eine Art von Scheinpersönlichkeit im Umgang mit anderen Menschen. Das negative Selbstbild steht befriedigenden sozialen Kontakten jedoch im Weg, was zu einem noch negativeren Selbstbild führt.

Finkelhor (1987) ist der Ansicht, daß PTSD- und Dissoziationstheorien im Zusammenhang mit sexuellem Mißbrauch in einer Reihe von Punkten einen positiven Beitrag erbracht haben: PTSD und Dissoziation bieten einen klaren Bezugsrahmen, innerhalb dessen die Auswirkungen sexuellen Mißbrauchs beschrieben werden können, und sie sind klar in der Beschreibung der Symptome und der Benennung des Problems. Weiter hat dieser Ansatz Mißbrauch in Beziehung zu andersartigen Traumata gesetzt, und dadurch ist das Interesse an sexuellem Mißbrauch sowie dessen Anerkennung als eine streßverursachende Erfahrung gewachsen. Zuletzt hat dieser Ansatz, indem er vielen Mythen über sexuellen Mißbrauch entgegenwirkt, zur „Schuldbefreiung" der Opfer beigetragen.

Der PTSD- und Dissoziationsansatz hat Finkelhor zufolge jedoch auch einige Nachteile. Erstens gelingt es nicht, alle vorgefundenen Symptome damit zu erklären. Außerdem werden bei längst nicht allen Opfern Symptome von PTSD oder Dissoziation gefunden. Kilpatrick u.a. (1986) fanden beispielsweise bei 126 sexuell mißbrauchten Frauen nur 10 Prozent mit PTSD-Symptomen. Lediglich 36 Prozent hatten derartige Symptome überhaupt jemals gehabt. Das bedeutet, daß PTSD- und Dissoziationstheorien nicht auf alle Opfer sexuellen Mißbrauchs anwendbar sind. Außerdem erklärt Finkelhor zufolge die PTSD- und Dissoziationstheorie nur ungenügend, wie die Erfahrung sexuellen Mißbrauchs zu den vorgefundenen Störungen führt. Jehu u.a. (1985/86) erheben den Einwand, daß die PTSD- und Dissoziationstheorie fast alle Traumata der Gefühlswelt zuordnet. Ihrer Auffassung nach werden jedoch auch Traumata auf dem Gebiet des Denkens (der Kognition) verursacht, und zwar durch unrichtige Informationen über Sexualität sowie ein verzerrtes Bild von sich selbst und anderen, was ein deformiertes Bild von Beziehungen miteinschließe. PTSD und dissoziative Störungen sind im DSM-III-R nach klaren und ziemlich genau abgegrenzten Kriterien beschrieben. Es kann jedoch sehr verführerisch sein, die Kriterien auszuweiten, um die größere Verschiedenheit an Störungen infolge sexuellen Mißbrauchs zu beschreiben und zu erklären. Hierdurch gelangt man letztendlich jedoch zu einer Liste von Symptomen, wie sie für Streß im allgemeinen kennzeichnend ist; etwas, womit nahezu alle Menschen, die sich in schwierigen Situationen befinden oder mit Problemen zu kämpfen haben, konfrontiert werden. Das Modell geht dann zwar immer auf, verliert jedoch größtenteils seinen spezifischen beschreibenden und erklärenden Wert.[1]

Phänomenologische Modelle

Phänomenologische Modelle rücken das Erleben des Individuums in den Mittelpunkt. Man beschreibt die Bedeutung, die die Erfahrung sexuellen Mißbrauchtseins hat oder die dieser beigemessen wird. Das Erleben und das Selbstbild sind bei diesen Modellen sehr wichtig.

Das bedeutendste phänomenologische Modell in der Fachliteratur über sexuellen Mißbrauch von Jungen ist zweifelsohne das „Vier-Faktoren-Modell zur Psychodynamik der Traumatisierung" *(Four Traumagenic Dynamics Model)* von Finkelhor und Browne (1985) (auch bekannt als TDMCSA: *Traumagenic Dynamics Model of Child Sexual Abuse).* Die Autoren selbst bezeichnen es als ein Kombinationsmodell, in das auch PTSD- und Dissoziationsmodelle aufgenommen sind.

Eine traumaerzeugende Dynamik ist ein Prozeß, der die Wissens- und Gefühlswelt verändert und ein Trauma verursacht, indem er die Meinung von sich selbst, das Weltbild und die Gefühle des Kindes verformt. Das Wissen von der Welt und die Anpassungsmechanismen, die das Kind entwickelt, können in Situationen von sexuellem Mißbrauch adäquat sein, jedoch nicht in einem sozialen Kontext, in dem sexueller Mißbrauch nicht die Norm ist. (Finkelhor & Browne 1985) Finkelhor und Browne unterscheiden vier traumaerzeugende Faktoren bei sexuellem Mißbrauch: eine traumatische Sexualisierung, Stigmatisierung, Verrat und Ohnmacht.

Eine *traumatische Sexualisierung* ist eine Deformation oder Störung der sexuellen Entwicklung des Kindes. Das kann geschehen, weil sexuelles Verhalten vom Täter bzw. der Täterin oft mit Geschenken und Privilegien belohnt wird, weil der Täter oder die Täterin Aufmerksamkeit und Liebe schenkt im Austausch für Sex und weil manche Körperteile, hauptsächlich Geschlechtsteile und After, „fetischisiert" werden. Sie bekommen eine übermäßige sexuelle Aufmerksamkeit und Bedeutung. Das geschieht zunächst durch die TäterInnen, wird in zweiter Instanz aber vom Opfer übernommen. Weiter kann es dazu kommen, weil die TäterInnen Fehlauffassungen und unrichtige Informationen über Sexualität und Sexualmoral auf das Opfer übertragen und weil negative Erinnerungen und Gefühle mit Sexualität assoziiert werden. Dies hat unter anderem zur Folge, daß man übermäßig mit Sexualität beschäftigt ist, kann jedoch auch zu einem Widerwillen gegen Sexualität führen. Verwirrung bezüglich der eigenen sexuellen Identität und sexueller Normen wird ebenfalls genannt. Der Unterschied zwischen sexuellem und sonstigem intimem Kontakt ist unklar geworden. Zum Schluß werden negative Gefühle bei sexuellen Aktivitäten und intimem Kontakt beschrieben.

Bei *Stigmatisierung* empfängt das Kind vom Täter (bzw. der Täterin) und vom Umfeld Signale, daß es sündhaft, schmutzig oder schuldig ist. Das Kind entnimmt dies den sowohl seitens des Täters als auch seitens des Umfelds geäußerten Beschuldigungen, es habe den Täter verführt. Weiter muß das Kind alle möglichen erniedrigenden sexuellen Handlungen ausführen oder über sich ergehen lassen. Wenn der Mißbrauch anderen Menschen bekannt wird, wird ein Junge als Schwächling, Schwuler oder „Tunte" abgestempelt. Er habe sich mißbrauchen *lassen.* Dabei wird Druck und Zwang auf das Kind ausgeübt, um es zur Geheimhaltung des Mißbrauchs zu nötigen. So wird der Mißbrauch für das Kind noch belastender, weil anderen um keinen Preis davon erzählt werden darf. Auch betrachtet das Umfeld des Kindes Inzest und sexuellen Mißbrauch häufig als etwas Schmutziges und Anormales und reagiert schockiert, wenn dergleichen bekannt wird. Diese Haltung wird meistens von dem betreffenden Kind übernommen. Schließlich herrscht unter Jungen ein Mythos, der besagt: „Ein Junge, der von einem Mann mißbraucht worden ist, ist homosexuell." Sexuell mißbrauchte Mädchen werden oft als „verdorben", als „Huren" oder „Schlampen" hingestellt. Ein Kind will wissen, weshalb der sexuelle Mißbrauch gerade ihm zugestoßen ist, und fühlt sich dafür verantwortlich. Das geht mit Scham- und Schuldgefühlen einher sowie mit einem negativen Selbstbild und dem Gefühl, „anders" zu sein als andere. Alkohol- oder Drogenmißbrauch, kriminelles Verhalten, Selbstverletzungen und Suizid können die Folgen sein.

Verrat bedeutet hier, daß das Vertrauen des Kindes in jemanden, von dem es anhängig ist, getäuscht wird. Dieser Verrat kann in zwei Momenten eine Rolle spielen, nämlich einmal zu dem Zeitpunkt selbst, in dem eine Vertrauensperson Dinge mit dem Kind tut, ohne sich dabei um dessen Wohlergehen zu kümmern, und anschließend, wenn das Kind sich bewußtmacht, daß eine Vertrauensperson es durch Lug und Trug dazu gebracht hat, „schlechte Dinge" zu tun. Nach Finkelhor und Browne sind bei Verrat zwei Faktoren wichtig. Erstens die Beziehung zum Täter (bzw. zur Täterin): Der Verrat ist um so schwerwiegender, je enger und fester diese Beziehung ist. Zweitens wird der Verrat als um so schlimmer empfunden, je mehr der Täter das Kind getäuscht hat. Er ist schwerwiegender, wenn das Kind den körperlichen Kontakt anfänglich als liebevoll und „gut" erfahren hat, als wenn es die Handlungen schon von Anfang an für verdächtig oder schlecht hielt. Das Gefühl, verraten worden zu sein, kann sich außerdem auf die ganze Familie oder das Umfeld ausdehnen, etwa wenn dem Kind nicht geglaubt wird, wenn es nicht gegen den sexuellen Mißbrauch in Schutz genommen oder sogar selbst für diesen verantwortlich gemacht wird. Die meisten Kinder gehen davon aus, daß ihre Eltern alles können, alles für sie tun werden und sie immer gegen das Böse beschützen werden. Bei sexuellem Mißbrauch werden diese Erwartungen und dieses Vertrauen jedoch grausam enttäuscht.

Als psychische Folgen dieser Prozesse nennen Finkelhor und Browne Kummer, Depression, extreme Abhängigkeit, Schwierigkeiten, einzuschätzen, wem man vertrauen kann und wem nicht, sowie Feindseligkeit nach außen und Wut. Diese Folgen können sichtbar werden in Form extremer Abhängigkeit von anderen, erneutem Mißbrauchtwerden und der „Duldung" des Mißbrauchs der eigenen Kinder.

Die letzte traumaverursachende Dynamik ist *Ohnmacht,* wodurch der Wille, die Wünsche und das Gefühl eigener Kompetenz beim Kind übergangen werden und es die drohende Verwundung oder Vernichtung empfindet.

Beim Mißbrauch wird gegen den Willen des Kindes der Körper immer wieder geschändet und gegebenenfalls penetriert. Der Täter (bzw. die Täterin) setzt dabei häufig physische und psychische Gewalt oder Überlegenheit ein. Ein Kind erfährt immer wieder die Ohnmacht, sich selbst hiervor zu schützen, und kann außerdem nur selten auf Unterstützung aus seinem Umfeld rechnen. Dergestalt verliert das Kind alle Macht über den eigenen Körper und die Situation und lebt somit fast andauernd in Angst. Das hat verschiedene psychische Folgen wie ein bleibendes Gefühl der Angst, erlernte Hilflosigkeit, Identifikation mit dem Täter (bzw. der Täterin) und die Selbstbezichtigung als „Opfer". Auch kann das Bedürfnis entstehen, die Kontrolle dadurch wiederzuerlangen, daß man andere beherrscht und immer den Überblick über Situationen zu behalten sucht. Das Trauma kann sich ebenfalls in Alpträumen äußern, in Phobien, verschiedenen psychosomatischen Symptomen, in Eß- und Schlafstörungen, Dissoziation und Depression. Von daheim Fortlaufen sowie schulische und berufliche Probleme werden ebenfalls genannt. Nicht zuletzt spricht man von einem erhöhten Risiko erneuten Mißbrauchtwerdens, von aggressivem Verhalten, Delinquenz und eigener Täterschaft.

Der niederländische Arzt und Sexualforscher Gianotten (1987a, 1988) präsentiert eine Variante des Modells von Finkelhor und Browne. Er unterscheidet fünf Bereiche, für die er die Folgen sexuellen Mißbrauchs bei Jungen beschreibt. Diese sind die Entwicklung sexuellen Verhaltens, sexuelle Identität, Selbstbewußtsein, Vertrauen und Kontrolle. Die ersten beiden Bereiche decken sich mit der traumatischen Sexualisierung, wie Finkelhor und Browne sie beschrieben haben. Gianotten nennt zusätzlich die sexuelle Identität, weil viele sexuell mißbrauchte Jungen daran zweifeln, ob sie nun homo- oder heterosexuell sind. Zwar schenken Finkelhor und Browne diesem Phänomen ebenfalls Beachtung, doch tut Gianotten dies sehr viel nachdrücklicher. Die Bereiche Selbstbewußtsein, Vertrauen und Kontrolle decken sich in der Darstellung von Finkelhor und Browne entsprechend mit Stigmatisierung, Verrat und Ohnmacht.

Ein anderes häufig angewandtes Modell ist das „Vergewaltigungstrauma-Syndrom" (*„Rape Trauma Syndrome"*) von Burgess und Holmstrom (1974a). Obwohl dieses Modell ursprünglich dafür gedacht war, die Folgen von Vergewaltigung bei Frauen zu beschreiben, verwenden manche AutorInnen (wie Sarrel und Masters (1982), die es als *„Post Assault Syndrome"* bezeichnen) dieses Modell auch zur Beschreibung der Folgen sexuellen Mißbrauchs bei Jungen und Männern. Das Modell umfaßt mehr als nur das Erleben. Jedoch ist es hier den phänomenologischen Modellen zugeordnet, weil das Erleben des Mißbrauchs und die Art, wie das Opfer dies zu bewältigen versucht, im Mittelpunkt stehen. Das Modell ist hauptsächlich beschreibend und beschäftigt sich kaum mit dem Zusammenhang zwischen Mißbrauch und Folgeschäden.

Das Vergewaltigungstrauma-Syndrom läuft in zwei Phasen ab, und zwar als akute Phase und als langwieriger Reorganisationsprozeß. Die akute Phase überwiegt während der ersten Wochen nach dem sexuellen Übergriff und ist von psychischer Desorganisation gekennzeichnet. Das Opfer kämpft mit starken Gefühlen wie Angst, Spannung, Wut, Selbstbeschuldigung, Scham und dem Bedürfnis nach Rache. In der akuten Phase ist das Opfer sehr mit der Frage beschäftigt, ob es mitschuldig an dem sexuellen Übergriff ist und ob es etwas zu dessen Verhinderung hätte tun können. Außerdem hat es große Angst, daß weitere Übergriffe erfolgen könnten. Nach der akuten Phase beginnt der Reorganisationsprozeß. Dieser Prozeß ist durch vielfaches Umziehen und Wechseln der Telefonnummer gekennzeichnet, durch Alpträume und eine heftige Angst vor Dingen und Situationen, die mit dem Trauma assoziiert werden. Die Alpträume haben nach Burgess und Holmstrom einen charakteristischen Verlauf. Erst träumt die Frau, dem Täter erneut zu begegnen und ihm entgegentreten zu wollen. Bevor die Auseinandersetzung anfängt, wird das Opfer wach. Wenn sich die Träume später verändern, findet das Kräftemessen mit dem Täter dagegen statt, und das Opfer gewinnt. Auftretende Ängste sind die Angst eingeschlossen zu sein (Klaustrophobie), die Angst vor großen Plätzen (Agoraphobie), Angst vor Menschenmassen und vor dem Alleinsein, Angst vor Menschen, die hinter dem Opfer hergehen, und Angst vor Sexualität.

Wie gesagt ist dieses Modell ursprünglich dafür gedacht, die Folgen von Vergewaltigung bei erwachsenen Frauen zu beschreiben. Es ist fraglich, ob es auch auf sexuellen Mißbrauch an Kindern anwendbar ist.

Gold (1986) stellt ein attributives Traumatisierungsmodell bei sexuellem Mißbrauch vor. Bei dem Attributionsmodell geht es um die Bedeutung, die dem sexuellen Mißbrauch gegeben wird, oder darum, wem das Opfer das Ereignis zuordnet (attribuiert). Dieses Modell ist abgeleitet von dem Modell der „Erlernten Hilflosigkeit" von Abramson, Seligman und Teasdale (1985). Diesen zufolge gibt es einen klaren Zusammenhang zwischen der Art, wie Menschen unkontrollierbaren Ereignissen eine Bedeutung beimessen, und ihrer Reaktion auf solche Ereignisse. Attributionen kennen drei Dimensionen, und zwar intern/extern (die betreffende Person schreibt es sich selbst oder dem Umfeld zu), stabil/instabil (es geschieht immer auf die gleiche oder auf unterschiedliche Weise) und global/spezifisch (es ist allgemeingültig, oder es gilt nur für eine bestimmte Person bzw. in einer bestimmten Situation). Wenn der Mißbrauch als ein unkontrollierbares und „schlechtes", also negatives Ereignis gesehen wird und ein interner, stabiler und globaler Attributionsstil vorliegt, wird das zu vielfachen psychischen und psychosomatischen Symptomen führen. Unter „Attributionsstil" versteht man die eigene Art und Weise, in der ein Individuum negativen Ereignissen eine Bedeutung gibt. Empirische Untersuchungen von Gold selbst bestätigen dieses Modell. Unklar bleibt, ob der genannte traumaerzeugende oder -verstärkende Attributionsstil schon vor dem Trauma bestand oder ob dieser eher die Folge des sexuellen Mißbrauchs ist. Finkelhor vermutet, daß ein solcher Attributionsstil hauptsächlich durch Stigmatisierung entsteht. Gold bleibt auch vage bezüglich der sonstigen psychischen und psychosozialen Wechselwirkungen, die den Störungen möglicherweise zugrunde liegen. Nur soziale Unterstützung wird als wichtiger Faktor zu deren Verringerung genannt.

Außerhalb des Bereichs dieses Modells bleiben die Fälle von sexuellem Mißbrauch, bei denen das Opfer sich schon recht bald mit dem Täter identifiziert. Das Ereignis wird dann nicht mehr als unkontrollierbar und negativ betrachtet. Trotzdem kommt es auch bei dieser Gruppe häufig zu Störungen.

Phänomenologische Modelle sexuellen Mißbrauchs bieten eine Reihe interessanter Perspektiven. Erstens erklären sie die meisten Folgeschäden, die bei Überlebenden beiderlei Geschlechts gefunden werden. Weiter vermitteln sie einen guten Einblick in das Erleben des Traumas und in die Art, wie die Schäden aus den Erfahrungen hervorgehen. Daneben benennen sie klar die Zusammenhänge zwischen den verschiedenen Störungen. Außerdem geben sie WissenschaftlerInnen und professionellen HelferInnen eine Handhabe zur praktischen Arbeit mit sexuell mißbrauchten KlientInnen. Besonders das Modell der Psychodynamik der Traumatisierung von Finkelhor und Browne bietet diese Vorteile.

Auch phänomenologische Modelle sind jedoch mit einigen Nachteilen behaftet. Erstens werden soziale und kulturelle Faktoren wenig berücksichtigt, obwohl diese das Erleben sexuellen Mißbrauchs stark beeinflussen können. Auch andere Hintergrundfaktoren wie Erziehung und die dem Mißbrauch vorausgehende häusliche Situation finden wenig Beachtung. Die meisten phänomenologischen Modelle unterstellen, daß ein gleichartiger sexueller Übergriff auch jeweils gleichartig erlebt und interpretiert wird.

Schließlich befassen sich phänomenologische Modelle kaum mit „sekundärer Traumatisierung". Das sind die Störungen, die nicht eine direkte Folge des Mißbrauchs selbst sind, sondern aus Erfahrungen hervorgehen, zu denen der Mißbrauch Anlaß gibt, etwa erniedrigende und Streß erzeugende medizinische Untersuchungen, juristische und polizeiliche Prozeduren, Zweifel seitens der Umgebung an der Glaubwürdigkeit des Opfers sowie soziale Isolierung.

Soziale Interaktionsmodelle

Soziale Interaktionsmodelle beschreiben die Traumatisierung infolge sexuellen Mißbrauchs als eine Wechselwirkung zwischen dem Opfer und dessen Umfeld. Dabei geht es vornehmlich um Prozesse innerhalb der Familie, die Machtverhältnisse zwischen TäterIn und Opfer sowie um Kommunikationsmuster. In der Fachliteratur über sexuell mißbrauchte Männer sind Modelle aus dieser Kategorie noch recht selten. Die im folgenden vorgestellten beiden Modelle werden jedoch häufig angewendet oder zitiert.

Das bei weitem bekannteste soziale Interaktionsmodell ist das *„Child Sexual Abuse Accommodation Syndrome"* (etwa: „Syndrom der Anpassungsreaktion nach sexuellem Mißbrauch") von Summit (1983). Es umfaßt fünf Stadien, in denen ein sexuell mißbrauchtes Kind sekundärer Traumatisierung ausgesetzt ist. Das mißbrauchte Kind muß nämlich viele soziale Hindernisse überwinden, ehe es mit seinen Erfahrungen nach außen treten kann. Meistens gelingt dies nicht, und das Kind wird noch stärker traumatisiert. Diese fünf Stadien sind: Geheimhaltung, Hilflosigkeit, „einfrieren" und sich anpassen, verspätet und auf nicht überzeugende Weise nach außen treten und Rückzug.

Bei *Geheimhaltung* manipuliert, erpreßt oder bedroht der Täter (bzw. die Täterin) das Opfer: „Wenn du es erzählst, bricht die Familie auseinander!" „Wenn du es erzählst, hab' ich dich nicht mehr lieb!" Die TäterInnen machen dem Kind klar, daß etwas sehr Schlimmes passieren wird, wenn es mit jemandem darüber spricht. Ein Kind zieht daraus die Schlußfolgerung, daß das, was geschieht, schlecht und gefährlich ist. Dadurch gerät es, besonders wenn der Täter oder die Täterin ein Elternteil oder ein sonstiges Familienmitglied ist, in einen Loyalitätskonflikt. Außerdem entsteht bei dem Kind ein interner Konflikt zwischen einerseits der Angst, es zu erzählen, und andererseits dem Bedürfnis nach Unterstützung und Sicherheit, wofür es gerade notwendig wäre, mit Dritten über den Mißbrauch zu sprechen. Meistens versucht das Kind diesem Konflikt ein Ende zu setzen, indem es sich selbst beschuldigt oder sich einredet, der Mißbrauch sei nicht wirklich unangenehm. Die Angst, über die Mißbrauchserfahrung zu berichten, ist nach Summit durchaus gerechtfertigt. Viele Untersuchungen belegen, daß Kindern in der Tat von ihren Eltern und ihrem Umfeld nicht geglaubt wird und daß sie Bemerkungen zu hören bekommen wie „Du lügst!" und „Anständige Kinder reden nicht über solche Dinge." Außerdem werden Kinder tatsächlich oft für den Mißbrauch bestraft. Selbst wenn andere sagen, daß sie dem Kind glauben, unternehmen sie vielfach nichts gegen den Mißbrauch und den Täter (bzw. die Täterin), sondern verhalten sich, als ob nichts Besonderes geschehen sei. Wenn ein Kind nicht die Chance bekommt, über die Mißbrauchserfahrung zu sprechen, ohne sich böse, ungläubige, bestrafende oder beschuldigende Reaktionen einzuhandeln, besteht Summit zufolge die große Gefahr, daß es sein ganzes weiteres Leben hindurch Probleme mit dem Selbstwertgefühl, mit Vertrauen und Intimität haben wird.

Hilflosigkeit ist das zweite Stadium. Das Kind fühlt sich bei Mißbrauch durch eine erwachsene Vertrauensperson verraten. Ein Kind kann nur schwer die eigenen Grenzen angeben, und die meisten Kinder wissen wenig von Sexualität; der oder die Erwachsene befindet sich also sowohl während des Mißbrauchs als auch im allgemeinen Familienleben in einer Machtposition. Die meisten Kinder wagen es deshalb nicht, Widerstand zu leisten: Schon bald fügen sie sich dem Täter (der Täterin) und reagieren passiv. Man erwartet jedoch, insbesondere von sexuell mißbrauchten Jungen, daß sie tatkräftigen Widerstand leisten. Oft werden Kinder vom Täter oder von der Täterin im Schlaf überrascht. Sie tun dann, als schliefen sie, um so den Mißbrauch möglichst schnell hinter sich zu bringen. Es entsteht eine Routine von hilflosem, passivem Verhalten als Reaktion auf den sich ständig wiederholenden Mißbrauch.

„Einfrieren" und sich anpassen sind die Folge. Das Kind sieht keinen Ausweg mehr aus dem fortdauernden Mißbrauch und versucht, die Situation zu akzeptieren und zu überleben. Das gelingt, indem es einerseits Schmerzen, Angst und Wut verdrängt und andererseits eine symbiotische Beziehung mit dem Täter bzw. der Täterin oder mit beiden Eltern eingeht. Das Kind übernimmt eine Elternrolle (Parentifikation), weil es sich für den Zusammenhalt der Familie verantwortlich fühlt. Es kann den Täter bzw. die Täterin auch dazu benutzen, Privilegien und Geschenke zu erhalten. Auf diese Weise steckt das Kind irgendwann in der Mißbrauchssituation fest, die es zum Teil, ohne das selbst zu wollen, aufrechterhält. Das Kind wird, falls ein Elternteil den Mißbrauch verübt, böse auf den anderen Elternteil, der die Übergriffe nicht unterbinden kann oder will. Es sieht sich darin bestätigt, daß es dem anderen Elternteil nicht genug wert ist, um von ihm beschützt zu werden. In diesem Stadium fängt das Kind an, ein sehr negatives Selbstbild zu entwickeln. Es lernt außerdem, sich stark in die Abhängigkeit anderer zu begeben, um die eigenen Bedürfnisse zu befriedigen. Die Flucht vor der Realität kann zu dissoziativen Störungen sowie zu Alkohol- und Drogenmißbrauch führen. Das Kind hält eine Fassade der Intimität aufrecht, die zu Depression und Aggression gleichermaßen führt.

Das vierte Stadium besteht darin, *verspätet und auf nicht überzeugende Weise über die Erfahrung zu sprechen.* In den meisten Fällen wird der Mißbrauch nie jemandem erzählt, und wenn es doch geschieht, ist ein Konflikt mit dem Täter (der Täterin) häufig der Anlaß dazu. Die Enthüllung wird dann als Waffe in diesem Konflikt eingesetzt, was die Wahrscheinlichkeit, daß dem Kind geglaubt wird, noch weiter verringert. Man fragt sich, weshalb das Kind erst so spät damit herausrückt. Außerdem sind die meisten TäterInnen in ihrem Umfeld als anständige, ehrliche und normale Menschen bekannt, die so etwas nie tun würden. Kindern wird häufig sowieso nicht geglaubt. Außerdem entwickeln sie infolge des Mißbrauchs Verhaltensweisen, die sie weniger glaubwürdig machen, wie Alkohol- und Drogenmißbrauch, Promiskuität, Prostitution und Delinquenz. Das Umfeld ergreift meistens Partei für die TäterInnen und findet, daß das Kind für sein schändliches Verhalten bestraft werden müsse. Auch professionelle HelferInnen, JugendrichterInnen sowie Polizei begehen oft diesen Fehler. Das Kind wird zum Sündenbock gemacht und manchmal sogar regelrecht aus der Familie ausgestoßen. Auch diejenigen, die den Mißbrauch besonders gut zu verbergen gewußt haben und oft gute schulische oder berufliche Leistungen erbringen und beliebt sind, erzählen ihre Geschichte manchmal erst zu einem späten Zeitpunkt. Die typische Reaktion des Umfelds ist dann, es nicht zu glauben („Wie kann ihm so etwas zustoßen?") oder es zu verdrängen („Er ist so ein beliebter, leistungsfähiger Junge, es wird ihm also nicht geschadet haben.").

Rückzug ist das letzte Stadium. Obwohl das Opfer den Mißbrauch bisweilen wütend und impulsiv aufgedeckt hat, sind damit seine Schuldgefühle und seine vermeintliche märtyrerhafte Verpflichtung, den Mißbrauch geheimzuhalten und damit die Familie zu schützen, nicht verschwunden. Auf die Enthüllung folgt innerhalb der Familie meistens das Chaos. Heftige Konflikte brechen aus, und die Familie meint, gegenüber Verwandten und NachbarInnen in Schande dazustehen. Auf das Kind wird Druck ausgeübt, die Anklage wieder zurückzuziehen und zu leugnen, daß es jemals mißbraucht wurde. Meistens gibt das Kind diesem Druck nach und erklärt, daß es die Geschichte nur erfunden habe. Die Familie wird dann dadurch gerettet, daß das Kind sich opfert.

Nach Summit bietet sein Modell nicht nur eine Beschreibung des Traumatisierungsprozesses von Opfern sexuellen Mißbrauchs, sondern beschreibt auch einen sozialen und gesellschaftlichen Mechanismus. Opfer landen dabei immer in der Ecke der Schuldigen. Die existierenden Vorurteile über sexuellen Mißbrauch bleiben bestehen, und gegen den vorliegenden Mißbrauch wird wenig unternommen.

Van Scoyk, Gray und Jones (1988) haben eine Theorie zur Beschreibung der Folgen entwickelt, die sexueller Mißbrauch außerhalb der Familie für das Opfer und dessen Familie mit sich bringt. Ihre Absicht ist es, damit eine Diagnostizierung und Behandlung der Familie zu erleichtern. Diese Theorie ist recht allgemein, weil es viele verschieden geartete Familien gibt, die von jeweils unterschiedlichen kulturellen Faktoren beeinflußt werden. Van Scoyk u.a. unterscheiden drei wichtige Konzepte, nämlich das Schlagen einer Bresche in den Schutzschild der Familie und/oder des Individuums, den Einfluß, den der Mißbrauch auf das Familienleben hat, und Themen, die in der Familie nach dem Aufdecken des Mißbrauchs besprochen oder eben nicht besprochen werden.

Jede Familie pflegt bestimmte Mythen, Ideologien und Vorstellungen, die sie organisieren und gegen Bedrohungen von außen und innen beschützen. Beispiele sind: „Unsere Familie ist ein Ort der Sicherheit"; „Wir schützen unsere Kinder vor der bösen Außenwelt". Die Familie ist, ebenso wie natürlich das Kind selbst, durch den Mißbrauch eines oder mehrerer Familienmitglieder tief schockiert. Es entsteht eine Bresche in diesem Schutzschild aus Ideologien, Mythen und Vorstellungen, und die Familie verliert ihr Gefühl der Sicherheit und Organisation.

Der Mißbrauch hat einen großen Einfluß auf die Erwartungen der Familie und des Kindes, das heißt auf die Ziele, die die Familie sich vor dem Mißbrauch gesetzt hatte. Ihre Ideale, Normen, Werte, Gewohnheiten, Traditionen und Umgangsformen werden durch den Schock, den der Mißbrauch verursacht, in Frage gestellt. Eine Krise entsteht, weil das gesamte familiäre System seine Kontinuität verliert und entgleist. Die Familie muß eine neue Sinngebung finden, mit der sie neue Ziele formulieren kann. Wie eine Familie nach der Enthüllung mit dem Mißbrauch umgeht, hängt mit ihren Normen, Werten, Idealen, Ideologien und Mythen zusammen. Diese Faktoren bestimmen, wie und ob innerhalb der Familie weiter über den Mißbrauch gesprochen wird.

Van Scoyk u.a. schlußfolgern, daß die Identifikation und Verdeutlichung der familiären Mythen und Werte den Kern der Familientherapie bilden. Je weniger rigide eine Familie an diesen Mustern festhält, desto schneller und besser ist sie imstande, das Trauma in ihr Dasein zu integrieren und zu einem guten Funktionieren zurückzufinden.

Das wesentliche Verdienst der sozialen Interaktionsmodelle ist es, klar aufzuzeigen, daß sexueller Mißbrauch nicht nur persönliche psychische Probleme aufwirft, sondern sich auch auf das soziale Umfeld niederschlägt. Wie das Kind die Mißbrauchserfahrung interpretiert und bewältigt, hängt zu einem großen Teil von der Reaktion und dem Gedankengut dieses sozialen Umfelds ab. Soziale Unterstützung ist für ein sexuell mißbrauchtes Kind sehr wichtig. Unverständnis, Stigmatisierung und soziale Isolation dagegen können das Trauma verstärken und sogar neue Traumata zur Folge haben. Die sozialen Interaktionsmodelle zeigen, daß das Umfeld, insbesondere die Familie, in Prävention und Beratung miteinbezogen werden muß, wenn man gute Ergebnisse erreichen will. Ein Nachteil ist, daß sie lediglich einen bestimmten Aspekt des Gesamtproblems beschreiben, nämlich die soziale Interaktion. Außerdem sind soziale Interaktionsmodelle stark kulturgebunden. Die hier beschriebenen Modelle sind auf die weiße Mittelstandskultur der Vereinigten Staaten abgestimmt. Es ist die Frage, ob sie auch für unser Sprachgebiet brauchbar sind, insbesondere innerhalb der verschiedenen ethnischen Minderheitenkulturen.

Psychosomatische Modelle

In psychosomatischen Modellen wird die Wechselwirkung zwischen psychischen und physiologischen Prozessen innerhalb des Individuums beschrieben. Derartige Modelle sind in der Fachliteratur über sexuell mißbrauchte Männer selten. Das hier besprochene Modell von van der Kolk (1988) ist eigentlich das einzige, auf das mitunter verwiesen wird. Wahrscheinlich ist das so, weil eine physiologische Untersuchung bei Opfern sehr komplex und vor allem sehr kostspielig ist. Es steht also wenig Information als Basis der psychosomatischen Modelle zur Verfügung.

Van der Kolk geht davon aus, daß mit Streß einhergehende Ereignisse im Körper Prozesse in Gang bringen, die mit den Hormonen und den Nerven zu tun haben (neuro-endokrine Prozesse). Diese Prozesse beeinflussen ihrerseits die psychischen Funktionen des Individuums. Auf diese Weise entstehen Muster auf dem Gebiet des Denkens, Fühlens und Handelns, die anschließend wieder die neuro-endokrinen Funktionen beeinflussen. Es entsteht ein Teufelskreis aus einander beeinflussenden Prozessen, der verantwortlich ist für die Entwicklung von Störungen wie posttraumatischer Streß, Depression, Angst, Abhängigkeitsverhalten, Selbstverletzungsverhalten und dergleichen.

Van der Kolk hat viele Anregungen aus Tierversuchen bezogen. In seinem „Tiermodell des unvermeidbaren Schocks" *(„Animal Model of Inescapable Shock")* beschreibt er vier langanhaltende Reaktionsmuster bei

Tieren, die einer sehr unangenehmen, aber im Test unvermeidlichen Situation ausgesetzt gewesen waren. Diese Muster, die nach van der Kolk auch kennzeichnend für Menschen mit PTSD sind, werden in vier Aspekte unterschieden. Erstens Störungen im Lernen, wie man unangenehmen Situationen entrinnt. Der zweite Aspekt ist eine herabgesetzte Motivation, sich neue Fertigkeiten anzueignen, wie man sein Umfeld auskundschaftet und die eigenen Kapazitäten entwickelt. Drittens ist von einem chronischen Unwohlsein die Rede. Viertens beschreibt van der Kolk eine erhöhte Tumorentwicklung sowie Störungen in der körpereigenen Abwehr.

Van der Kolk findet sowohl bei Tieren als auch bei Menschen mit PTSD chronisch erniedrigte zentrale Serotoninspiegel und eine chronisch erhöhte noradrenerge Aktivität (Aktivität der Nerven und anderer Gewebe, die Noradrenalin zur Impulsübertragung verwenden).

Serotonin, ein Neurotransmitter, der dafür sorgt, daß eine Nachricht von der einen Nervenzelle an die andere weitergegeben wird, regelt vor allem die Wirkung der anderen Neurotransmitter. Er ist deshalb sehr wichtig für die Abstimmung emotionaler Reaktionen. Bei akutem Streß finde eine extreme Serotoninausschüttung statt, auf die dann ein Mangel folge, weil mehr Serotonin verbraucht als produziert werde. Bei extremem oder chronischem Streß wäre dann der Serotoninmangel mehr oder weniger dauerhaft. Dieser Mangel wäre somit verantwortlich für die ungenügende Kompensation übermäßiger noradrenerger Reaktionen auf Streß. Im autonomen (unwillkürlichen) Nervensystem wirkt nämlich Noradrenalin als wichtiger Neurotransmitter.

Als Reaktion auf diese chronisch erhöhte autonome Aktivität entsteht wiederum eine chronisch erhöhte endogene Opiatsekretion. Endogene Opiate sind vom eigenen Körper produzierte Stoffe, die in ihrer Zusammensetzung viel Ähnlichkeit mit Morphium aufweisen und eine schmerzstillende Wirkung haben. Auch Gefühle von Angst und Depression sollen von den endogenen Opiaten gedämpft werden. Der chronisch erhöhte endogene Opiatspiegel führt laut van der Kolk dazu, daß das Individuum süchtig nach den eigenen endogenen Opiaten wird. Eine Senkung des endogenen Opiatspiegels bedeute, daß Entzugserscheinungen einträten. Dadurch gerate eine Person in physische Abhängigkeit vom eigenen Trauma, indem sie unbewußt Wiedererlebens-Wahrnehmungen schaffe, etwa Flashbacks und entsprechende Alpträume, um damit den endogenen Opiatspiegel zu erhöhen. Nach van der Kolk wird der Wechsel von Wiedererlebens- und Abstumpfungsreaktionen des Individuums mit PTSD (siehe Horowitz 1976) durch den phasenweisen Wechsel der endogenen Opiatspiegel erklärt. Die Wiedererlebensreaktionen hingen mit den Entzugserscheinungen zusammen, und die erhöhten endogenen Opiatspiegel stünden im Zusammenhang mit den Abstumpfungsreaktionen. Es trete dann eine *„Stress Induced Analgesia"* auf, das heißt eine streßverursachte Schmerzunempfindlichkeit. Auch die emotionale Aktivität werde gedämpft. Das erhöhte Risiko eines erneuten Mißbrauchtwerdens ließe sich aus dieser „Traumaabhängigkeit" erklären, ebenso das erneute Durchspielen des Mißbrauchs in der Täterrolle und der Weg in die Prostitution. Des weiteren könnten auch selbstdestruktives Verhalten und Selbstverletzung Folgen dieses Prozesses sein: Die Empfindung von Schmerz sorgt für den Reiz zu endogener Opiatproduktion.

Zwanghafte Wiederholung des Traumas führt nach van der Kolk, im Gegensatz zu der Meinung von Horowitz (1976), nicht zu dessen Integration. Ihm zufolge ist sie eher das Ergebnis einer Abhängigkeit als ein Prozeß, der zum Ziel hat, den erfahrenen Mißbrauch und die bestehenden Denkschemata des Individuums umzustrukturieren und zu integrieren. Außerdem störe zwanghafte Wiederholung die sozialen Funktionen des Individuums außerordentlich.

Das van der Kolksche Modell lüpft einen kleinen Zipfel des Schleiers von den Prozessen, die sich infolge sexuellen Mißbrauchs und anderer traumatischer Erfahrungen im Körper abspielen. Obwohl dieses Modell bei Traumata unterschiedlicher Art angewendet werden kann, betont van der Kolk, daß es vor allem geeignet sei, das Trauma infolge sexuellen Mißbrauchtseins zu beschreiben und zu erklären. Voraussetzung sei allerdings, daß der Mißbrauch schon von Anfang an als eine streßbeladene Situation erfahren werde. Diejenigen, die den Mißbrauch im Augenblick des Geschehens nicht als eine enorme Belastung erfahren, sondern erst später, unter dem Einfluß sozialer Faktoren oder einer Veränderung im Erleben von Sexualität, damit Schwierigkeiten haben, werden von dem Modell somit nicht erfaßt. Auch diese Gruppe entwickelt jedoch häufig Störungen. Weiter geht van der Kolk in seinem Modell zu

Unrecht davon aus, daß alle Opfer sexuellen Mißbrauchs PTSD-Symptome aufweisen, während erwiesenermaßen eine große Zahl von Opfern keine solchen Störungen zu verzeichnen hat.

Die jeweilige Begrenztheit der Modelle

Wie sich zeigt, sind doch bereits viele Modelle entwickelt worden, die sich auf sexuell mißbrauchte Männer beziehen oder auf Opfer beiderlei Geschlechts anwendbar sind. Diese Modelle sind meistens nach sorgfältiger Forschungsarbeit entwickelt worden, oder sie gründen sich auf eine Vielzahl von Erfahrungen aus der Beratungsarbeit. Sexueller Mißbrauch bleibt jedoch nach wie vor ein kompliziertes, umfassendes Thema, und es ist schwierig oder sogar unmöglich, dieses Problem in all seinen Aspekten in ein Modell zu fassen. Der wichtigste Kritikpunkt an allen existierenden Modellen ist somit ihre Begrenztheit. Sie beleuchten immer nur eine eingeschränkte Zahl von Aspekten und schaffen ein zumeist einseitiges Bild der mit sexuellem Mißbrauch verbundenen Probleme.

Obwohl sie alle in unterschiedlichem Maß zur Wissensentwicklung auf diesem Gebiet beitragen, findet sich bei sämtlichen Modellen die folgende Unzulänglichkeit: Sie sind nicht imstande zu erklären, weshalb unterschiedliche Formen sexuellen Mißbrauchs die gleichen „Folgen" haben können, und weshalb bei vergleichbaren Formen sexuellen Mißbrauchs oft unterschiedlich geartete Störungen entstehen. Das liegt daran, daß diese Modelle nur dasjenige berücksichtigen, was während des Mißbrauchs und/oder danach geschieht. Nur selten stellen sie einen Zusammenhang her zwischen dem, was sich vor dem Mißbrauch ereignet hat, und dessen Einfluß auf die Art und Schwere des Traumas sowie die Symptome des Opfers. Das Umfeld des Opfers wird meistens nur dahingehend untersucht, eventuelle Risikofaktoren für sexuellen Mißbrauch festzustellen.

Es ist jedoch von wesentlichem Interesse, bei der Erklärung der Störungen, die mit sexuellem Mißbrauch in Zusammenhang gebracht werden, gleichermaßen auf das zu achten, was *vor dem Mißbrauch* stattgefunden hat (Erziehung, kulturelles Umfeld, soziale und wirtschaftliche Verhältnisse, häusliche Situation usw.), wie auf das, was *während des Mißbrauchs* geschehen ist (sexuelle Handlungen, Gewalt, Zwang, Erpressung, Vertrauensmißbrauch usw.), und auf das, was *nach dem Mißbrauch* stattgefunden hat (wie mit der Mißbrauchserfahrung umgegangen wurde, die Reaktion des sozialen Umfelds, veränderte Beziehungen zu Hause usw.). Diese drei Zeitdimensionen müssen in die Erklärung der Störungen aufgenommen werden. Eines der wenigen Modelle, in denen das geschieht, ist das von Burgess, Hartman und McCormack. Leider beschränkt sich dieses Modell hauptsächlich auf den Zusammenhang zwischen Mißbrauchserfahrung und Täterverhalten sowie auf die Beschreibung von Lernerfahrungen und Dissoziationsproblemen.

Traumatisierung infolge sexuellen Mißbrauchs: Ein heuristisches Modell

Beabsichtigt ist, ein heuristisches Modell zu schaffen, das den oben genannten Bedingungen genügt und in das auch die zuvor besprochenen Modelle integriert werden können. Es ist in erster Linie als Struktur gedacht, die zur Entwicklung weiterer Untersuchungen, einer besseren Diagnostik und einer angemessenen Therapie bei sexuellem Mißbrauch sowie zum Verständnis des Problems in all seinen miteinander zusammenhängenden Aspekten anregen soll.

Dieses Modell beschreibt die wichtigsten Faktoren, die bei sexuellem Mißbrauch eine Rolle spielen, sowie die Struktur, in der sich diese Faktoren wechselseitig beeinflussen. Weil sexueller Mißbrauch so kompliziert ist, wird die Wirklichkeit, unter Wahrung der wesentlichen Informationen, dabei gewissermaßen simplifiziert. Das Modell beruht zwar vornehmlich auf der Fachliteratur über sexuell mißbrauchte Männer, ist meiner Meinung nach jedoch auf Opfer beiderlei Geschlechts anwendbar. Es fußt auf den folgenden vier Hypothesen: Erstens kennt das Individuum ein „Selbst" oder eine „Persönlichkeit". Das ist die Gesamtheit des Denkens, Fühlens und Handelns, die einem Individuum eigen ist. Zweitens sind seine Symptome kein direktes Ergebnis der Erfahrung sexuellen Mißbrauchtseins, sondern ein Resultat dessen, wie das Individuum diese Erfahrung auf der Ebene des Denkens, Fühlens und Handelns zu bewältigen versucht *(coping)*. Drittens wird die Weise, in der das Individuum das Problem angeht, sowohl durch seine genetischen Anlagen als auch durch soziale Lernerfahrungen bestimmt. Viertens liegen lediglich die genetischen Anlagen des Individuums fest; alle anderen Faktoren sind variabel und veränderbar und beeinflussen einander direkt oder indirekt.

Wie aus dem Schaubild in Anhang 4 hervorgeht, ist die Traumatisierung des Individuums ein fortwährender Prozeß von Wechselwirkungen. Die Gedanken, Gefühle und Handlungen stehen andauernd unter dem Einfluß der genetischen Veranlagung, des Umfelds, der Erfahrungen und des Wiedererlebens des sexuellen Mißbrauchtseins sowie des persönlichen Bewältigungsstils *(coping)*. Andererseits ist das Individuum auch fortwährend dabei, das eigene Umfeld, die Erfahrungen und das Wiedererleben des sexuellen Mißbrauchs sowie seine Bewältigungsstrategien selbst zu beeinflussen.

Der Mißbrauch, dem das Individuum ausgesetzt ist, steht unter dem Einfluß des sozialen Umfelds, während dieses Umfeld wiederum von dem sexuellen Mißbrauch beeinflußt wird, der in seinem Rahmen stattgefunden hat, unabhängig davon, ob er nun bekannt wird oder unentdeckt bleibt. Hier liegt eine direkte Wechselwirkung zwischen den spezifischen Bewältigungsaktivitäten bei sexuellem Mißbrauch und den Lebensumständen des Individuums vor. Wenn jemand beispielsweise auf eine Mißbrauchserfahrung mit generellem Mißtrauen reagiert, wird das auch bestimmen, wie andere Menschen dem Individuum gegenüberstehen und auf es reagieren werden.

Manche Bewältigungsaktivitäten werden durch die Lebensumstände auch praktisch verunmöglicht. In einem Umfeld, in dem den allergrößten Teil des Tages hart gearbeitet werden muß oder das vom Chaos bestimmt ist, ist es schwierig, ruhig über den sexuellen Mißbrauch nachzudenken. Schließlich beeinflussen auch die Bewältigungsaktivitäten und Störungen einander direkt und indirekt. Unwirksame oder unangemessene Bewältigungsaktivitäten sind der Anlaß für bestimmte Störungen. Manche Störungen wiederum können gewisse Bewältigungsaktivitäten stimulieren, bremsen oder verändern. Mißtrauen anderen Menschen gegenüber kann beispielsweise die Entwicklung sozialer Kompetenzen hemmen und damit zu sozialer Isolation und den damit einhergehenden Angst- und Einsamkeitsgefühlen führen – die wiederum einen guten Nährboden für allgemeines Mißtrauen abgeben.

Im vorigen Kapitel sind die hauptsächlichen Traumatisierungsprozesse infolge sexuellen Mißbrauchs bei Jungen und Männern dargelegt worden. Diese Prozesse lassen sich sehr gut anhand der hier entworfenen Modellstruktur beschreiben. Diese Struktur ist an sich nicht neu, wurde jedoch bisher noch nicht auf die Entwicklung von Traumata infolge sexuellen Mißbrauchs angewendet. Die bisher verwendeten theoretischen Modelle sind von geradliniger Struktur. Sie beschreiben und erklären die Entstehung von Traumata als eine Entwicklung mit einem Anfang und einem Ende, zwischen denen sich vielerlei Phasen und Prozesse abspielen. Den Anfang bildet meistens die Erfahrung mit sexuellem Mißbrauch, das Ende stellen die entwickelten Störungen dar. Dazwischen verläuft der Traumatisierungsprozeß.

Das hier präsentierte Traumatisierungsmodell ist seiner Struktur nach jedoch zyklisch. Es versucht, die Entstehung von Traumata nach sexuellem Mißbrauch als fortwährenden Prozeß während eines Lebenslaufs zu beschreiben und zu erklären, in dem Opfer und Umfeld aufeinander reagieren. Auch der Genesungsprozeß läßt sich so auffassen: Die gemeinsam dieses Modell bildenden Elemente können beeinflußt werden, um vom Trauma zur Genesung zu gelangen. Professionelle HelferInnen können anhand der Lebensgeschichte der KlientInnen das Modell konkretisieren und so den spezifischen, individuellen Traumatisierungsprozeß beschreiben. Davon ausgehend lassen sich Ideen für eine auf die individuellen Bedürfnisse der KlientInnen zugeschnittene Therapie entwickeln. Die zyklische Struktur bietet den weiteren Vorteil, daß sie besser erklärt, weshalb Traumata bisweilen über lange Zeit (mitunter Jahrzehnte) hinweg verborgen bleiben.

Die Theoriebildung bezüglich der Entstehung von Traumata nach sexuellem Mißbrauch hat noch einen langen Weg vor sich. Das Bewußtsein wächst, daß die Kopplung der Art des Mißbrauchs und der später entwickelten Störungen als theoretische Ursache-Wirkungs-Relation wenig brauchbar ist. Um einen klaren Einblick in diese Sachverhalte zu bekommen, ist es meiner Meinung nach notwendig, Traumatisierung als einen Prozeß zu sehen, der einen Platz im Lebenslauf eines Menschen einnimmt. Erst dann ist es möglich, der großen Verschiedenartigkeit an Wirkungen, die sexueller Mißbrauch auf unterschiedliche Menschen haben kann, gerecht zu werden.

5. KAPITEL

Erkennung, Diagnose und Therapie

Vielen professionellen Helferinnen und Helfern fällt es sehr schwer, ihre männlichen Klienten zu fragen, ob sie sexuellen Mißbrauch erlebt haben. Das hat hauptsächlich mit dem schon früher zur Sprache gekommenen Tabu gegenüber Sexualität und sexuellem Mißbrauch zu tun. Zuallererst wird hier besprochen, wie HelferInnen am besten nach Erfahrungen mit sexuellem Mißbrauch fragen können. Bisher sind noch keine spezifischen Verfahrensweisen entwickelt worden, um die Folgeschäden und Traumatisierungsprozesse bei sexuell mißbrauchten Männern angemessen zu inventarisieren. Professionelle HelferInnen sind also auf allgemeine diagnostische Verfahren angewiesen. Das bringt die Gefahr mit sich, daß manche wesentlichen Aspekte der Probleme sexuell mißbrauchter Männer unentdeckt und somit unbehandelt bleiben. Deshalb geht dieses Kapitel darauf ein, wie bereits bestehende diagnostische Verfahren besser auf sexuell mißbrauchte Männer angewendet werden können.

Das restliche Kapitel wird sich mit der therapeutischen Begleitung beschäftigen, und zwar besonders damit, welchen Bedingungen dabei entsprochen werden muß und welche Fallgruben sich gegebenenfalls auftun. Dabei wurden sowohl die Erfahrungen professioneller HelferInnen als auch die Fachliteratur zu Rate gezogen.

Wir haben uns dafür entschieden, hier vor allem auf die Erkennung, Diagnose und therapeutische Begleitung heranwachsender und erwachsener Opfer einzugehen. Zur Diagnose und Therapie kleiner Jungen sei auf die entsprechende pädagogische Literatur verwiesen.[1]

Erkennung

Männliche Klienten nach Erfahrungen mit sexuellem Mißbrauch zu fragen, braucht keine schwierige Angelegenheit zu sein. Ich verwende dazu eine einfache, aber wirksame Methode, die fünf Schritte umfaßt:

- Sagen, daß der Klient die folgende Frage nicht zu beantworten braucht, wenn er das nicht will.
- Über die Existenz und die Häufigkeit sexuellen Mißbrauchs sowie unangenehme und verwirrende sexuelle Erfahrungen bei Jungen und Männern informieren, die ihnen auch später noch Schwierigkeiten bereiten können.
- Die Frage stellen: „Hast du/haben Sie auch etwas derartiges erlebt?
- Bei der Antwort „nein" oder „darüber möchte ich nicht reden" deutlich machen, daß dies respektiert wird und daß der Klient gegebenenfalls später darauf zurückkommen kann, wenn er dies will.
- Wenn der Klient äußert, erst in einem späteren Stadium darüber reden zu wollen, fragen, ob der Helfer/die Helferin später noch einmal dazu die Initiative ergreifen soll.

Eine ruhige, offene Haltung und eine direkte, klare Art der Fragestellung sind hierbei von großer Wichtigkeit. Es empfiehlt sich, die Frage nach sexuellem Mißbrauch in das Standard-Eingangsgespräch aufzunehmen. Die HelferInnen können dann erklären, daß diese Frage allen Klienten gestellt wird, weil Erfahrungen mit sexuellem Mißbrauch in der Problematik der Klienten womöglich eine wichtige Rolle spielen. Die Frage nach Erfahrungen sexuellen Mißbrauchtseins kann am besten nach ungefähr zwei Dritteln des Eingangsgesprächs gestellt werden. Das Gespräch ist dann meistens schon in vollem Gange, und es bleibt auch noch genügend Zeit, um gegebenenfalls über die Mißbrauchserfahrung weiterzureden.

Jürgen

Jürgen, 17 Jahre, wendet sich an das niederländische Jugendberatungszentrum JAC (Jongeren Advies Centrum) um Hilfe. Er hat kein Geld und ist ohne Dach über dem Kopf. Seit seinem 8. Lebensjahr, als sein Vater starb, war Jürgen regelmäßig in Kinderheimen untergebracht, weil seine Mutter mit seiner Erziehung und der seiner beiden Schwestern überfordert war. Die letzten zwei Jahre hat er wieder bei seiner Mutter gewohnt, ist dort aber nach vielen Streitereien erneut fortgelaufen. Jürgen hat häufig mit Wutausbrüchen zu kämpfen: Ihm wird dann schwarz vor Augen, und er schlägt wild um sich. Er verliert jegliche Kontrolle über sich und befindet sich in einem Zustand der Bewußtseinsverengung. Daneben hat er häufig das Gefühl, daß er „nicht wirklich" ist oder daß die Welt um ihn herum nicht wirklich ist. Er schläft schlecht und leidet unter Alpträumen.

Im ersten Gespräch habe ich punktuell nach den Lebensumständen gefragt. Eine der Standardfragen ist, ob der Junge unangenehme oder verwirrende sexuelle Erfahrungen gehabt hat. Vorausgeschickt wurde, daß Jürgen die folgende Frage nicht beantworten müsse, wenn er das nicht wolle, und er wurde über die Existenz und Häufigkeit sexuellen Mißbrauchs an Jungen informiert. Danach habe ich Jürgen gefragt, ob er auch etwas Derartiges erlebt habe. Er antwortet bestätigend, will zu diesem Zeitpunkt aber nicht weiter darüber reden. Ich sage ihm, daß ich das respektiere und daß er selbst bestimmen muß, ob, wann und mit wem er darüber sprechen will. Ich frage ihn, ob es ihm lieb ist, wenn ich später noch einmal darauf zurückkomme. Er antwortet, er wolle selbst davon anfangen, wenn die Zeit dafür reif sei.

Der Beratungskontakt mit Jürgen zielt danach vornehmlich auf seine Einkommenslage und seine Wohnsituation ab. Nach ungefähr drei Monaten äußert Jürgen, daß er jetzt an seine Mißbrauchserfahrungen herangehen will.

Diagnose

Man kann grob drei Arten von Diagnoseverfahren unterscheiden, nämlich die klinische Beobachtung, die Testmethode und das diagnostische Interview.

Die klinische Beobachtung kennt eine Reihe wichtiger Einschränkungen. Erstens ist sie lediglich innerhalb der Klinik oder eines gleichartigen

Settings anwendbar. Zweitens ist sie im allgemeinen von nur mäßiger Zuverlässigkeit, da verschiedene TherapeutInnen unterschiedliche Kriterien bei der Diagnosestellung zugrunde legen. Und schließlich verfügen nicht alle ÄrztInnen oder TherapeutInnen über gleich viel Wissen und Erfahrung, sowohl in bezug auf Diagnostik im allgemeinen als auch auf spezifische Probleme sexuellen Mißbrauchs im besonderen. Das erlaubt die Frage, ob klinische Beobachtung allein tatsächlich brauchbare Informationen über den Klienten erbringt. Die Praxis jedenfalls zeigt hier ein wenig ermutigendes Bild.

Die Testmethode hat als großen Vorteil, daß mit feststehenden Kriterien gearbeitet wird. Ein Test ist ein statistischer Vergleich der Antworten eines Individuums auf eine Liste von Fragen mit den Antworten einer ausgesuchten Normalgruppe. Die Abnahme des Tests ist standardisiert. Man muß jedoch darauf achten, daß die verwendeten Tests wirklich messen, was sie zu messen beabsichtigen. Bei einem großen Teil der im Umlauf befindlichen Tests ist dies nämlich nicht der Fall, was ihren Wert sehr zweifelhaft macht. Diagnostisch wertvolle Tests bei sexuell mißbrauchten Männern sind die Symptoom Check-List (SCL-90) (Arrindell & Ettema 1986), die Fragenliste für interpersonale Beziehungen (Vragenlijst voor Interpersoonlijke Relaties, VIR; Vertommen & Rochette 1979) und die Skalen für intimen Körperkontakt (Intiem Lichamelijk Kontaktschalen, ILKS; Vennix 1983). Diese Listen sind valide und reliabel (de Zeeuw 1986). Sie informieren über mögliche Probleme sexuell mißbrauchter Männer, was psychische Leiden und psychosomatische Störungen, den sozialen Umgang sowie soziale Kompetenzen angeht und was Sexualität betrifft. Natürlich unterliegt die Testmethode auch wichtigen Einschränkungen: Tests sind meistens an ein bestimmtes Theoriemodell gebunden, und sie informieren nicht über die Entstehung von Traumata sowie über Traumatisierungsprozesse. Testergebnisse sind ausserdem nur eine Momentaufnahme und verzerren damit gegebenenfalls das Bild. Wichtige Probleme können so womöglich ungenannt und damit unerkannt bleiben. Es ist deshalb von wesentlicher Bedeutung, Tests immer mit einem diagnostischen Interview und der ausgiebigen Erkundung der Vorgeschichte des Klienten zu verbinden.

Das diagnostische Interview schließlich ist die wichtigste Informationsquelle. Es würde zu weit führen, hier eingehend zu besprechen, wie ein derartiges Interview gestaltet werden muß. Dazu gibt es genügend Fachliteratur, beispielsweise Sundberg (1977). Allerdings hat man während eines solchen Interviews eine Reihe von Regeln zu beherzigen:

Stellen Sie vornehmlich offene Fragen. Es ist wichtig, daß der Klient genügend Freiraum hat, seine Probleme in eigenen Worten und Begrifflichkeiten auszudrücken und diejenigen Aspekte herauszustellen, die er für wichtig hält.

Fragen Sie in einer direkten, klaren Art nach der Mißbrauchserfahrung. Über Umwege nach sexuellem Mißbrauch zu fragen, vergrößert die emotionale Beladenheit des Themas. Seien Sie ruhig und klar (d.h. explizit) bei der Besprechung des Mißbrauchs und sexueller Themen. Sie als professionelle Helferin bzw. als professioneller Helfer müssen die Initiative ergreifen.

Fragen Sie ausführlich nach der Vorgeschichte (Anamnese). Die Lebensumstände und der weitere Lebenslauf des Klienten sowohl vor, während als auch nach der Zeit des Mißbrauchs sind gleichermaßen wichtig. Fragen bezüglich der Vorgeschichte an Bekannte aus dem Umfeld des Klienten zu richten (Hetero-Anamnese) kann ebenfalls hilfreich für die Diagnosestellung bei sexuell mißbrauchten Männern sein.

Ein sorgfältiges Diagnoseverfahren ist die Grundlage jeder guten therapeutischen Behandlung.

Therapie

Es besteht noch äußerst wenig Erfahrung mit der therapeutischen Begleitung sexuell mißbrauchter Jungen und Männer, und die Fachliteratur zu diesem Thema erörtert hauptsächlich bereits bestehende Therapieformen. Es führt zu weit, diese allesamt eingehend zu besprechen, doch die am häufigsten erwähnten Behandlungsmethoden sollen hier kurz aufgeführt werden.

Die ausgefallenste Behandlungsmethode in der Fachliteratur über männliche Opfer ist wahrscheinlich die Hypnose-Therapie oder Hypnotherapie. Diese Methode zielt vornehmlich auf die Bekämpfung von PTSD ab sowie von Dissoziationsstörungen wie psychogener Amnesie, Dämmerzuständen, psychogener Fugue und multipler Persönlichkeit.

Manchmal wird implizit – jedoch zu Unrecht – davon ausgegangen, daß sexuell mißbrauchte Männer immer mehr oder weniger unter derartigen Phänomenen zu leiden hätten. Oudshoorn (1989) sowie van Craen und Pieters (1988) beschreiben Fälle, in denen Hypnoseverfahren erfolgreich bei Klienten angewendet wurden, die in ihrer Jugend sexuell mißbraucht worden waren. Hypnose kann ein ausgezeichnetes Mittel sein, verdrängte oder dissoziierte Ereignisse und Gefühle in Gedächtnis und Bewußtsein zurückzuholen, was für die Verarbeitung des Traumas gegebenenfalls von wesentlicher Bedeutung ist. Hypnotische Suggestion kann ebenfalls ein effektives Mittel zur Verringerung von Angst und zur Förderung eines positiven Selbstbildes sein. Oudshoorn (1989) legt außerdem dar, wie ein Klient durch Selbsthypnosetechniken seinen Dämmerzuständen ein Ende machen könne, indem er nämlich seine Trance zu kontrollieren lerne. Die hypnotische Behandlungsmethode kennt jedoch eine wichtige Einschränkung: Nicht jeder Mensch ist gleich gut hypnotisierbar. Es bleibt somit die Frage, welche Gruppe sexuell mißbrauchter Menschen von dieser Behandlungsart zu profitieren imstande ist.[2]

Es ist gut möglich, daß die unter PTSD-Symptomen und Dissoziationsphänomenen leidende Teilgruppe der Opfer sexuellen Mißbrauchs im allgemeinen leichter hypnotisierbar ist. Die hypnotische Trance und die oben erwähnten Störungen sind schließlich eng miteinander verwandt oder gleichen sich jedenfalls sehr. Vielleicht ist es auch so, daß Menschen, die leichter hypnotisierbar sind, auch ein erhöhtes Risiko tragen, mit Dissoziation oder PTSD-Symptomen auf traumatische Erfahrungen zu reagieren. Es ist außerdem die Frage, ob eine geringe Hypnotisierbarkeit immer gegen Hypnotherapie spricht. Möglicherweise kann der Klient das Erreichen einer hypnotischen Trance trainieren.

Oudshoorn (1989) beschränkt sich bei der therapeutischen Begleitung sexueller Traumata übrigens nicht auf hypnotherapeutische Verfahren, sondern entwirft eine aus vier Teilen bestehende Behandlung. Als erstes finde eine Begleitung und Betreuung der Familie statt. Die Verarbeitung des Traumas durch das Kind selbst sei der zweite Teil; dies könne durch hypnotische Verfahren geschehen sowie mit Hilfe imaginärer Konfrontation *(„exposure")*. Drittens finde eine Wiederherstellung des beschädigten Selbstbildes und Selbstvertrauens des Opfers statt. Zuletzt würden die Probleme angegangen, die sich durch die traumatischen Erfahrungen verschärft hätten. Bedingungen für eine verantwortungsvolle Anwendung von Hypnotherapie seien eine sorgfältige und spezialisierte Ausbildung sowie ein ausreichendes Maß an Erfahrung.

Die kognitive Therapie ist eine weitere Behandlungsform in der Fachliteratur zu sexuell mißbrauchten Männern. Nach Finkelhor (1987) befindet sich ein großer Teil der Traumata infolge sexuellen Mißbrauchs auf dem Gebiet des Denkens (der Kognition). Das Selbstbild, das Weltbild und das Bild von anderen Menschen seien gestört und negativ verfärbt. Zudem seien oft auch andere Denkmuster deformiert, wie die über Sexualität, Sexualmoral und auch über den sozialen Umgang miteinander. Mißbrauchte Männer verfügten häufig über viel Fehlinformationen zu Sexualität. Jehu u.a. (1985-86) ergänzen diese Aufzählung mit beeinträchtigten Problemlösungsfertigkeiten. Vor allem erlernte Hilflosigkeit wird von ihnen als der charakteristischste Problemlösungsstil mißbrauchter Männer betrachtet. Den obengenannten AutorInnen zufolge ist deswegen die kognitive Therapie als Methode zur therapeutischen Begleitung dieser Traumata äußerst geeignet.

Eine völlig andere Behandlung dagegen ist die von Boszormenyi-Nagy (1984). Seine Methode empfiehlt sich hauptsächlich bei sexuellem Mißbrauch innerhalb der Familie, weil sie alle Familienmitglieder miteinschließt. Das wichtigste Ziel dieser Therapie sei die Genesung der Beziehung zwischen Täter (Elternteil) und Opfer (Kind), aber auch der wechselseitigen Beziehungen zwischen den übrigen Familienmitgliedern. Die Aufhebung der sogenannten „destruktiven Gerechtigkeit" stehe hierbei im Mittelpunkt. Mit destruktiver Gerechtigkeit sei gemeint, daß Forderungen der Eltern, die sie an ihre eigenen Eltern zu stellen hätten, an das Kind gerichtet würden. Nach Nagy sind Eltern, die ihre Kinder mißbrauchen, zumeist selbst ebenfalls von ihren Eltern mißbraucht worden (transgenerationaler Mißbrauch).

Lutz und Medway (1984), die auf Nagys Arbeit aufbauen, unterscheiden in ihrem Therapieansatz drei Aspekte. Erstens sei der Aufbau einer Beziehung wichtig, in der Verständnis für das Opfer vorhanden sei und in welcher der Täter die Chance bekomme, so viel wie möglich wiedergutzumachen und dem Opfer Genugtuung zu verschaffen, indem er vertrauenswürdiger werde. Weiter sei wichtig, daß der Täter seine eigene Opferrolle einsehe. Zuletzt werde nach geeigneten Wegen gesucht, dem Elternteil gegenüber seine Loyalität auszudrücken. Das Endziel aller auf Nagys Arbeit fußenden Behandlungsmethoden sei die Gesundung der Familienbeziehungen. Erste Voraussetzung hierzu sei, daß das Opfer die Schuld dem Täter zuweise. Von dieser Situation ausgehend könne der Täter versuchen, den durch ihn beim Opfer angerichteten Schaden wiedergutzumachen. Nur so könne das Opfer letztendlich den Täter von seiner Schuld erlösen („Schuldbefreiung" oder *„exoneration")*. Weiter müsse die Situation durchbrochen werden, in der dem Kind die Elternrolle der eigenen Eltern zugewiesen worden sei (Parentifikation), wenn die Familie zu einem gesunden Umgang miteinander zurückfinden wolle.[3]

Manche AutorInnen raten bei der Behandlung von Traumata, die durch Erfahrungen von sexuellem Mißbrauchtsein entstanden sind, zu einer Kombination aus verschiedenen Ansätzen. So nennt van der Kolk (1988) eine Kombination von drei Therapieformen, die seiner Meinung nach in diesem Kontext effektiv ist. Diese drei Therapieformen seien verbale Therapie, medikamentöse Therapie und Hypnose.

Bei einer *verbalen Therapie* ist es van der Kolk zufolge gleich, welche therapeutische Methode Anwendung findet. Wichtig sei nur, daß diejenigen traumatischen Ereignisse zur Sprache kämen, die auf der Ebene des Agierens (in Form motorischer Reaktionen) und auf ikonischer Ebene (in Form von Bildern) im Gedächtnis gespeichert seien. Die ausagierte und ikonische Information werde damit zu symbolischer Information verarbeitet. So könnten traumatische Ereignisse richtig in die Gesamtheit der Denkschemata des Individuums integriert werden, wodurch die Bedeutung der Ereignisse – und damit das Trauma – verändert würden.

In einer *medikamentösen Therapie* können Beruhigungs- und sonstige psychisch aktive Mittel van der Kolk zufolge sehr nützlich sein, um die Aktivierung von Erinnerungen zu vereinfachen, die mit dem Trauma im Zusammenhang stehen. Außerdem helfen sie dem Klienten, das tägliche Leben besser zu ertragen und sorgen dafür, daß der Klient weniger streßanfällig ist. Zuletzt können sie auch einer Traumaabhängigkeit (siehe vorheriges Kapitel) entgegenwirken.[4]

Hypnose empfiehlt sich nach van der Kolk hauptsächlich zum häufig notwendigen Wiedererleben des Traumas, damit die beabsichtigten Veränderungen bewirkt werden können.

Burgess u.a. (1987) plädieren ebenfalls für eine Kombination verschiedener Behandlungsmethoden bei Traumata infolge von sexuellem Mißbrauch. Sie nennen sechs wichtige Bestandteile einer derartigen therapeutischen Begleitung, nämlich: den (gegenwärtigen) sexuellen Mißbrauch benennen und beenden; Verständnis zeigen für die Abwehr, die das Opfer gegenüber dem Trauma aufgebaut habe; diese Abwehr dahingehend verändern, daß das Trauma besprochen werden könne; einen Trennungsstrich ziehen zwischen dem Trauma und der eventuell unangemessenen Art und Weise, in der das Opfer es zu bewältigen suche, und zwar sowohl auf der Ebene des Denkens als auch der Sinneswahrnehmung; dafür sorgen, daß das Opfer das Trauma der Vergangenheit zuordne und schließlich das Erlernen besserer, den veränderten Gegebenheiten angepaßter Problemlösungsstrategien. Leider ist die Beschreibung dieser Behandlungsmethode von Burgess u.a. nur mäßig detailliert. Sie ist deshalb nicht mehr als eine Skizzierung globaler Richtlinien für die praktische Arbeit. Gold (1986) rät neben einer individuellen therapeutischen Begleitung auch zur Gruppenbehandlung. Behandlungen in Gruppen werden in der Fachliteratur über mißbrauchte Männer häufig als recht wirkungsvoll bezeichnet. In den USA werden immer mehr Gruppenbehandlungen für männliche Opfer sexuellen Mißbrauchs initiiert (Gianotten 1988). Auch in den Niederlanden gewinnen die Gruppenbehandlungen für männliche Opfer an Bedeutung. Vorteile der Arbeit in einer solchen Gruppe sind unter anderem, daß die Gruppe helfen kann, das Vertrauen in andere zu vergrößern und das Selbstwertgefühl zu fördern. Durch den Umgang mit Menschen, die ähnliches erlebt haben, kann das Gefühl der Isolation und Stigmatisierung durchbrochen werden; außerdem erleichtert der Kontakt mit anderen es bisweilen, das eigene Trauma in Worte zu fassen und zu verstehen. Die Gruppenmitglieder können sich gegenseitig die notwendige soziale Unterstützung geben, sich auch außerhalb der Therapiestunden Gesprächspartner sein und ihre mit dem Trauma verbundenen Erfahrungen austauschen. Die Gruppenstruktur kann außerdem dazu beitragen, die Teilnehmer zur Erledigung ihrer Hausaufgaben anzuregen. Weiter muß noch auf das Buch *Traumatische Ervaringen en Psychotherapie* von Brom, Kleber und Defares (1986) hingewiesen werden. Es enthält eine Vergleichsstudie über die Wirkungen von Hypnotherapie, kurzzeitiger psychodynamischer Therapie (basierend auf dem Werk von Horowitz) und Traumadesensibilisierung bei PTSD-Symptomen. Das wichtigste Resultat dieser Studie ist, daß alle drei Behandlungsformen ziemlich effektiv bei der Bekämpfung von Symptomen und Beschwerden waren, wie sie sich bei PTSD ergeben. Bei den Klienten wird eine deutliche Verbesserung festgestellt, und zwar auf emotionaler, sozialer sowie auch auf körperlicher Ebene. Vor allem Ängste wurden durch diese drei Behandlungsmethoden deutlich verringert. Möglicherweise kann das genannte Buch für die Behandlung des Teils aus der Gesamtheit der Opfer von Nutzen sein, der PTSD-Beschwerden entwickelt.

Zum Abschluß noch einige kritische Randbemerkungen zur Fachliteratur über die therapeutische Begleitung sexuell mißbrauchter Männer. Was als erstes auffällt ist, daß es zu diesem Bereich wenig Publikationen gibt. Die wenige Literatur gibt außerdem selten verläßliche Informationen darüber, wie diese Klientengruppe am besten betreut und behandelt werden kann. Behandlungsmethoden werden meistens anhand von Fallstudien expliziert, was den Vorteil hat, daß die LeserInnen dann einen detaillierten Einblick in Art und Verlauf der entsprechenden Therapieform erhalten; der große Nachteil ist jedoch, daß nur erfolgreiche Fälle publiziert werden, und es bleibt natürlich die Frage, ob diese Erfolge repräsentativ für die Gesamtzahl der nach dieser Methode behandelten Klienten ist. Die Effektivität der verschiedenen Methoden zur therapeutischen Begleitung sexuell mißbrauchter Männer bleibt somit unklar. Groß angelegte Studien zur Evaluierung dieser Methoden fehlen bis auf den heutigen Tag ebenso wie Nachfolgeuntersuchungen. Bei Nachfolgeuntersuchungen werden die Klienten nach einiger Zeit erneut nach der Effektivität der angewandten Therapie befragt.

Weiter wird oft für die eigene Gemeinde gepredigt: Die AnhängerInnen einer bereits bestehenden Therapieform preisen diese in ihren Artikeln als die geeignetste Behandlungsmethode bei sexuellem Mißbrauch an, und diese Artikel erscheinen in Zeitschriften, deren Zielgruppe die eigenen Geistesverwandten sind. Die verschiedenen AutorInnen und TherapeutInnen beschränken ihre Sichtweise und ihr Handeln häufig auf das, was in die eigene Theorie paßt. Das führt mitunter zu einem unsinnigen Konkurrenzkampf zwischen den verschiedenen Therapierichtungen und deren AnhängerInnen. Dergestalt werden die unterschiedlichen Möglichkeiten einer effektiven therapeutischen Begleitung sexuell mißbrauchter Männer nicht klarer, sondern es entsteht eine theoretische Erstarrung, die die praktische betreuerische Arbeit behindert.

Vorbedingungen für eine effektive Beratung und Behandlung sexuell mißbrauchter Jungen und Männer

Angesichts unseres gegenwärtigen Wissens über die therapeutische Begleitung sexuell mißbrauchter Männer sowie der bisherigen Erfahrungen wäre es vermessen, jetzt schon ein detailliertes Szenario zu präsentieren, welches besagt, wie eine derartige Therapie auszusehen hätte. Es ist allerdings sehr wichtig, eine Reihe von Bedingungen aufzuzählen, die notwendigerweise erfüllt werden müssen, wenn ein erfolgreicher Behandlungsverlauf angestrebt wird.

Die erste Bedingung ist *ein solides Diagnoseverfahren:* Grundlage jeder soliden Therapie ist schließlich die Diagnose. Wie in Kapitel 3 besprochen, können die Probleme infolge sexuellen Mißbrauchs sehr unterschiedlich sein, und so ist es für professionelle HelferInnen wesentlich, ein genaues Bild der individuellen Problematik und auch der Stärken des Klienten zu bekommen. Auf diese Weise kann die Betreuerin oder der Betreuer einen effektiven und angemessenen Therapieplan erstellen. In diesem Kapitel sind bereits einige Anregungen für ein solches Diagnoseverfahren gegeben worden.

Weiter ist *ein gutes Vertrauensverhältnis zwischen HelferIn und Klient* von Wichtigkeit. Dies kann als eine wesentliche Voraussetzung für das Gelingen sämtlicher wie auch immer gearteten Behandlungsweisen bei Problemen aller Art bezeichnet werden, aber es ist ganz besonders wichtig im therapeutischen Kontakt mit sexuell mißbrauchten Männern, weil die meisten große Schwierigkeiten haben, anderen zu vertrauen. Der Aufbau eines Vertrauensverhältnisses ist bei dieser Klientengruppe häufig eine schwierige Sache. Die Helferin bzw. der Helfer sollte sich also die entsprechende Zeit dafür nehmen. Die Entwicklung eines Vertrauensverhältnisses als solches kann für das Opfer bereits ein wichtiger Schritt nach vorne sein. Professionelle HelferInnen dürfen sich, besonders am Anfang des therapeutischen Kontakts, dem Klienten gegenüber nicht allzu konfrontativ zeigen. Konfrontation hat im allgemeinen erst dann den erwünschten Effekt, wenn das Vertrauensverhältnis bereits besteht. Eine verfrühte, zu häufige oder zu intensive Konfrontation kann schnell dazu führen, daß der Klient den Kontakt abbricht oder daß bei Patienten mit PTSD und dissoziativen Störungen eine dissoziative Reaktion auftritt. Eine offene, Freiraum bietende, aber ermutigende Haltung ist im allgemeinen wirkungsvoller. HelferInnen sollen ihrem Klienten ein gut zuhörendes Ohr sein.

Auch die *Förderung der Fähigkeit zur Selbsthilfe* ist von großer Bedeutung. Eine der wichtigsten Zielsetzungen jeder therapeutischen Begleitung sexuell mißbrauchter Männer und Frauen ist es, sie aus ihrer Opferrolle zu holen. Wenn der Klient noch keine Opferidentität entwickelt hat, muß verhindert werden, daß dies nachträglich noch geschieht, denn das kann verheerende Folgen haben. Die Lebenseinstellung wird passiv, und der Betroffene lernt, auf Streß und Problemsituationen mit Hilflosigkeit zu reagieren *(„learned helplessness")*. Dieses Muster muß durchbrochen werden, indem der Klient Probleme und schwierige Situationen aktiv löst. Assertivitätstraining kann hier ein brauchbares Mittel sein. Der Klient muß auch lernen, selbständig zu handeln und die Verantwortung für seine Situation zu übernehmen; letzteres gilt vor allem für Klienten mit der Neigung, sich mehr oder weniger extrem von anderen abhängig zu machen. Der Klient sollte, indem er mitdenkt und mitplant, aktiv am therapeutischen Prozeß teilnehmen. Die HelferInnen sollten sich nicht allzu therapeutisch geben, sondern vielmehr TrainerInnen oder Coachs sein. Sie können raten, unterstützen, ermutigen, Übungen aufgeben und den Klienten darauf ansprechen, wenn dieser sich nicht an das Trainingsprogramm hält, aber der Klient selbst muß das Match spielen.

Sehr wichtig ist auch, *den therapeutischen Kontakt klar zu strukturieren.* Es ist von großer Bedeutung, daß der Klient zuvor weiß, was dieser Kontakt beinhaltet und welches seine Rechte und Pflichten sind. Zu Beginn der Therapie müssen klare Verabredungen getroffen werden, was die Mitwirkung des Klienten angeht, so daß er weiß, was ihn erwartet. Außerdem wird er dadurch ermutigt, Verantwortung für seine Situation zu übernehmen und in der Therapie mit aktiv zu sein. Eine klare Behandlungsstruktur bedeutet für den Klienten besonders zu Anfang eine wichtige Orientierungshilfe. Dies gilt vornehmlich für Klienten, die von sich aus recht unstrukturiert sind oder als sogenannte „Borderline-Persönlichkeiten" beschrieben werden können. Erstrebenswert ist es, die von der Helferin bzw. dem Helfer entworfene Struktur allmählich in eine Struktur übergehen zu lassen, die der Klient nach und nach selbst (mit)entwirft. Der Klient müßte gewissermaßen nach einiger Zeit seine eigene Behandlung vom Therapeuten bzw. von der Therapeutin übernehmen können. Nochmals: Die Haltung der Helfenden soll nicht leitend, sondern anleitend sein.

Auch ist darauf zu achten, wie der Klient seinen Körper erfährt. Ein Problem sexuell mißbrauchter Menschen, dem wenig Augenmerk zuteil wird, ist das Erleben des eigenen Körpers. Viele Opfer sexuellen Mißbrauchs empfinden ihren Körper als „schmutzig", „sündig", „schlecht" oder „verseucht". Durch körperliche Aktivitäten wie Sport und Yoga kann der Klient seinen Körper neu entdecken und neu würdigen. Das kann für ihn geistig wie körperlich einen beträchtlichen Gesundheitszuwachs bedeuten. Manchmal wird hierfür auch zu haptonomischer Behandlung geraten, einer körperorientierten, mit der Bio-Energetik verwandten Form der Psychotherapie, die heute in den Niederlanden weit verbreitet ist. Über die Wirksamkeit dieser Methode ist wenig bekannt, doch vorläufige Studien zeigen gute Ergebnisse.

Weiter ist es wichtig, auf *eventuelle sexuelle Probleme* zu achten. Über sexuelle Probleme oder Sexualität im allgemeinen zu sprechen, kann von Klient und HelferIn als sehr peinlich empfunden werden. Meistens sind beide nicht damit vertraut, sexuelle Themen zu besprechen, besonders wenn es dabei um die eigene Sexualität geht. Eine häufig vorkommende Folge sexuellen Mißbrauchs sind teils sehr störende sexuelle Probleme, die die Lebensqualität entsprechend negativ beeinflussen. Über diese Probleme muß geredet werden, wie schwierig das mitunter auch sein mag. HelferInnen müssen sich deshalb auch im Besprechen derartiger Themen üben, und der Klient sollte, gegebenenfalls parallel zur Therapie, an einen spezialisierten Sexualberater weiterverwiesen werden.

Ferner muß berücksichtigt werden, ob der Klient eine *Vorliebe für männliche oder weibliche HelferInnen* hat. Es kann vorkommen, daß der

Klient durch seine Mißbrauchserfahrung Männern oder Frauen gegenüber ängstlich ist. Es ist förderlich für die Qualität des therapeutischen Kontakts, dies bei der Zuweisung eines Therapeuten bzw. einer Therapeutin zu berücksichtigen. Übrigens ist es nicht immer so, daß Klienten, die von einem Geschlechtsgenossen mißbraucht wurden, Vertretern des eigenen Geschlechts gegenüber Ängste hegen. Es kann auch vorkommen, daß Klienten im Gegenteil Angst vor einer Person haben, die ein anderes Geschlecht hat als der Täter (die Täterin). Beim Eingangsgespräch muß deshalb nach einer eventuellen Angst vor Frauen oder vor Männern gefragt werden sowie nach einer gegebenenfalls daraus resultierenden Vorliebe für einen Helfer oder eine Helferin. Dabei ist Sorge zu tragen, daß diese „Geschlechterangst" nicht dadurch verstärkt oder gefördert wird, daß man den Klienten nur mit Menschen des Geschlechts zusammenbringt, vor dem er sich nicht fürchtet. Der Klient soll seine „Geschlechtsangst" überwinden, so daß er wieder angstfrei mit Menschen des Geschlechts umgehen kann, vor dem er Angst hatte. Manche HelferInnen sind dafür, daß ein Klient an einer gemischten Therapiegruppe teilnimmt oder daß er sowohl von einem Therapeuten als auch von einer Therapeutin betreut wird.

Das Anbieten von *Informationen über Sexualität und über sexuellen Mißbrauch* ist eine weitere Bedingung. Bei vielen Opfern sexuellen Mißbrauchs bestehen große Mißverständnisse und verzerrte Auffassungen in bezug auf Sexualität. Auch von dem Thema sexueller Mißbrauch wissen sie oft wenig oder haben unrichtige Auffassungen dazu, was zu Angst, Spannung, Depression und Gefühlen des Stigmatisiertseins oder der Anormalität führen kann. Informationen über Sexualität und sexuellen Mißbrauch können diese Gefühle verringern, weil das Opfer die Erfahrungen und Ereignisse in einem anderen Licht sehen und anders beurteilen wird. Wenn der Klient weiß, daß es viele Opfer gibt, die während der Mißbrauchssituation eine Erektion bekommen, kann das beruhigend sein und ihm Klarheit über die eigene sexuelle Reaktion während des Mißbrauchs verschaffen. Dies kann sehr wichtig für die Wiederherstellung des Selbstbildes und des sexuellen und sozialen „Funktionierens" des Klienten sein. Viele Männer glauben, sie seien der einzige, der mißbraucht wurde. Für sie ist es häufig eine Offenbarung zu erfahren, daß schätzungsweise 4 Prozent der männlichen Bevölkerung der Niederlande sexuellen Mißbrauch am eigenen Leib erlebt haben. Daneben ist es wichtig, *seine Erfahrungen mit anderen Opfern austauschen zu können.* Kontakte mit Menschen, die ähnliche Erfahrungen gemacht haben, können Gefühle der Isolation, Stigmatisierung und Anormalität durchbrechen helfen. Häufig wird deshalb die Teilnahme an einer eventuell gemischten Gesprächs- oder Therapiegruppe für Opfer empfohlen. Derartige Kontakte und Gruppen stellen für Klienten meist eine wichtige soziale Unterstützung dar.

Eine weitere Bedingung besteht darin, *Möglichkeiten zum Wiedererleben des Traumas zu bieten.* Wenn vor der Therapie ein nochmaliges Durchleben des Traumas gewünscht wird oder notwendig ist, muß dazu die Gelegenheit geboten werden, beispielsweise in Form von Hypnotherapie oder Psychodrama (dem Durchspielen und Verändern des Geschehenen durch Rollenspiel). Das Wiedererleben eines Traumas muß immer von gut ausgebildeten und erfahrenen professionellen HelferInnen begleitet werden.

Ferner ist es wichtig, *das soziale Umfeld des Klienten in die therapeutische Begleitung miteinzubeziehen.* Der therapeutische Kontakt muß auch außerhalb der Therapiesituation eine Fortsetzung haben, und die innerhalb der Therapie erworbenen Einsichten und Fertigkeiten müssen im täglichen Leben des Klienten Anwendung finden. Dazu ist es wesentlich, daß der Klient von seinem sozialen Umfeld unterstützt wird, beispielsweise der Familie oder FreundInnen. Oft gibt es viele Probleme sowohl in der Familie, aus der das Opfer stammt, als auch in der heutigen Familie, in der es eine Elternrolle hat. Auch in anderen wichtigen Beziehungen treten Probleme auf. Diese Probleme können am besten angegangen werden, wenn die betreffenden Personen ebenfalls an der therapeutischen Arbeit teilnehmen. Das soll nicht heißen, daß sie auch in Therapie müssen, wohl aber, daß professionelle HelferInnen mit ihnen Kontakt halten und sie dazu ermuntern, den Klienten im täglichen Leben zu unterstützen. Übrigens erschließt sich aus diesen Kontakten auch ein besseres Bild vom täglichen Leben des Klienten sowie der Problempunkte darin. Wo immer es möglich ist, müssen HelferInnen dafür offen sein, auch den Täter oder die Täterin in den therapeutischen Prozeß miteinzubeziehen. Das kann für das Opfer sehr wichtig sein, und zwar nicht nur, wenn es noch in der Familie lebt, zu der auch der Täter oder die Täterin gehört. Vor allem bei noch andauerndem Mißbrauch wird oft dreispurig verfahren. Verschiedene zusammenwirkende professionelle HelferInnen arbeiten dann gesondert mit dem Opfer, dem Täter und der Familie. Eine therapeutische Begleitung, bei der das soziale Umfeld nicht miteinbezogen wird, gleicht dem Versuch, eine häusliche Überschwemmung aufzuwischen, während der Wasserhahn weiter offensteht.

Destigmatisierung und die Auflösung von Schuldgefühlen des sexuell mißbrauchten Jungen müssen ebenfalls einen Platz im therapeutischen Prozeß bekommen. Gefühle von Schuld und Stigmatisiertsein können für den Klienten wesentliche Barrieren darstellen, die verhindern, daß er sich besser fühlt. Bei vielen Klienten kommt es zu Selbstbeschuldigung und Selbststigmatisierung, was bedeuten kann, daß sie irgendwann ihre Aggression und Frustration auf sich selbst richten. Nach außen gerichtete Aggression verweist häufig auf Überkompensation von Gefühlen der (Selbst-)Stigmatisierung und (Selbst-)Beschuldigung. Wesentlich für die Therapie ist, daß diese Gefühle beim Klienten neutralisiert werden. Dies kann einerseits durch eine Teilnahme an Gesprächs- oder Therapiegruppen mit anderen Opfern geschehen und andererseits durch Informationen über Sexualität und sexuellen Mißbrauch. Die Destigmatisierung und die Befreiung von Schuldgefühlen gelingen am ehesten, wenn das gesamte Selbstbild des Klienten in die Therapie miteinbezogen wird.

Professionelle HelferInnen müssen mit den *Lebenszusammenhängen des Klienten* vertraut sein. Subkulturelle Normen und Werte sowie damit zusammenhängende spezifische Auffassungen und soziale Umgangsformen haben bisweilen einen großen Einfluß auf das Denken, Fühlen und Handeln des Klienten. Diese Normen, Werte, Auffassungen und Umgangsformen können sich je nach Subkultur und sozialem Milieu voneinander unterscheiden. Hierbei ist auch an ethnische Minderheiten zu denken. Es gibt jedoch auch große subkulturelle Unterschiede zwischen Individuen mit unterschiedlichen religiösen Überzeugungen sowie zwischen Menschen, die in der Stadt und auf dem Land wohnen. Wollen HelferInnen beim Klienten effektiv eine positive Veränderung zustande bringen, müssen sie sich in der Subkultur, aus der der Klient stammt, entsprechend gut auskennen.

Weiter ist wichtig, daß *aufgestaute aggressive Gefühle in angemessener Form geäußert werden* können. Viele sexuell mißbrauchte Frauen und

Männer haben Gefühle von Aggression und Frustration, die sie entweder nach innen oder nach außen richten. Oft wird das Vorhandensein solcher Aggressionen und Frustrationen geleugnet. Diese Gefühle äussern sich dann auf vielfältige indirekte Weise und verursachen dabei verschiedene psychische, soziale und psychosomatische Störungen. Es ist deshalb notwendig, daß der Klient seine eigene Aggression und Frustration bewußt wahrnimmt und daß er lernt zu erkennen, wann diese Gefühle hochkommen. Bei jedem einzelnen muß eine angemessene Form zur Äußerung dieser Gefühle gesucht werden. Die Form der Äußerung muß innerhalb der Lebenssituation des Klienten effektiv sein sowie zu dessen Erleben seiner selbst und seiner Probleme passen. Es hat keinen Sinn, vorab irgendwelche Standardtechniken der Aggressionsäußerung oder Aggressionsregulierung einzuplanen. Manchmal funktionieren Methoden des Abreagierens recht gut, wenn sie entsprechend begleitet werden. Mit deren Anwendung sollte man jedoch vorsichtig sein. Ein falscher Umgang damit ist schädlich, weil dabei Emotionen hervorgeholt werden können, mit denen der Klient nicht umzugehen weiß und die zu weiterer emotionaler Verwirrung führen.

Eingreifen und therapeutische Begleitung sollen in einem möglichst frühen Stadium stattfinden. Im allgemeinen sind Eingreifen und therapeutische Begleitung am effektivsten, je kürzer die Probleme existieren. Es ist jedoch sehr schwer, diese Bedingung zu erfüllen, weil mißbrauchte Männer sich höchst selten zeitig bei Beratungseinrichtungen oder Polizei und Justiz melden. Johnson und Shrier (1987) konstatieren, daß durchschnittlich sieben bis acht Jahre zwischen dem (letzten) Mißbrauch und der Aufdeckung gegenüber einer Beratungseinrichtung vergehen. Professionelle HelferInnen können jedoch eine frühzeitige Aufdeckung erleichtern, indem sie sich innerhalb der Region, in der sie arbeiten, deutlich sichtbar und erreichbar präsentieren. HelferInnen, die sich mit männlichen Opfern sexuellen Mißbrauchs beschäftigen, sollten ihre Aktivitäten regional bekannt machen. Niedrigschwellige Angebote und Zugangsmöglichkeiten, wie beispielsweise telefonische Anmeldung oder ein unverbindliches persönliches Gespräch, sollten angeboten werden. Wahrscheinlich noch wirkungsvoller ist die Durchführung von *Aufklärungsaktivitäten* zum Thema sexueller Mißbrauch, besonders, wenn auch über männliche Opfer gesprochen wird.

Schließlich muß eine entsprechende Nachsorge geboten werden. Die Entwicklung des Klienten hat ihre Höhen und Tiefen, und auch nach der therapeutischen Begleitung kann es sehr gut sein, daß er einen Rückfall erfährt und vorübergehend erneut Betreuung benötigt. Diese Hilfe muß dann auch geboten werden können, wenngleich streng darauf zu achten ist, daß sich zwischen Klienten und HelferIn keine Abhängigkeitsbeziehung entwickelt. Daß der Klient das eigene Leben erneut selbständig in die Hand nimmt, muß bei einer eventuellen Nachsorge im Mittelpunkt stehen. Ein oder mehrere Nachsorgegespräche sind auch bei Klienten, die sehr von dem therapeutischen Kontakt profitiert haben und im Anschluß gut zurechtkommen, durchaus wünschenswert. Nachsorge kann für die HelferInnen wichtig sein, um zu überprüfen, wie die gebotene Hilfe funktioniert hat, und oft erbringt sie nützliche Einsichten zur Verbesserung dieser Hilfe. Es ist sinnvoll, während des letzten Behandlungsgesprächs mit dem Klienten schon eine Verabredung für das erste Nachsorgegespräch zu treffen.

Schwierigkeiten bei der therapeutischen Begleitung sexuell mißbrauchter Jungen und Männer

Während des therapeutischen Kontakts mit mißbrauchten Jungen und Männern können Schwierigkeiten auftreten. Es ist wichtig, daß professionelle HelferInnen über mögliche Fallgruben Bescheid wissen. Nicht selten ist ein therapeutischer Kontakt an einem oder mehreren der folgenden Phänomene gescheitert.

Das Verharmlosen oder Bagatellisieren des Mißbrauchs durch den mißbrauchten Jungen bzw. Mann. Die Neigung, den Mißbrauch zu beschönigen oder zu bagatellisieren, hat oft mit Loyalitätsgefühlen gegenüber dem Täter bzw. der Täterin zu tun. Dies kommt vor allem dann vor, wenn TäterInnen natürliche oder angenommene Elternteile sind oder Personen, mit der eine enge oder intime Verbindung bestand oder noch besteht. Ein zweiter Grund ist, daß manche Opfer ihre Wut und Aggression möglicherweise als gefährlich und unkontrollierbar ansehen und das Beschönigen oder Bagatellisieren des Mißbrauchs für sie ein Weg ist, diese Wut und Aggression im Zaum zu halten: Man entzieht ihr den Grund. HelferInnen sollten auf der Hut sein, wenn der Klient den Mißbrauch bagatellisiert oder verharmlost, doch hat es meistens wenig Sinn, als Reaktion hierauf den Täter oder die Täterin zu beschuldigen. Dies führt oft zu einem Tauziehen zwischen HelferIn und Klienten, wobei der Klient wahrscheinlich geneigt sein wird, der vom Helfer (der Helferin) vorgebrachten Beschuldigung des Täters (der Täterin) zu widersprechen. Es ist meistens sinnvoller, den Klienten in seiner Erinnerung zu dem erfahrenen Mißbrauch und der Zeit danach zurückgehen zu lassen, so daß er wieder in Berührung mit demjenigen kommt, was er damals durchlebte und empfand. Daneben müssen HelferInnen auch auf den Grund für die Bagatellisierung und Verharmlosung des Mißbrauchs eingehen: Das kann ein geeignetes Hilfsmittel sein, bestimmte Dinge neu zu strukturieren, etwa das Loyalitätsdenken und -empfinden des Klienten, seine Beziehung zum Täter (zur Täterin) und die Haltung gegenüber der eigenen Wut und Aggression.

Provokationen der HelferInnen. Wie schon an früherer Stelle bemerkt, haben viele Opfer große Schwierigkeiten, anderen zu vertrauen: Ihre Einstellung und Haltung anderen gegenüber ist abwehrend und verteidigend. In ihrem Weltbild und dem Bild, das sie von anderen Menschen haben, ist niemand wirklich vertrauenswürdig. Manche provozieren und testen damit die HelferInnen auf deren Vertrauenswürdigkeit, oder sie wollen sich beweisen, daß sie tatsächlich niemandem vertrauen können. Diese Provokationen können vielerlei Formen annehmen. Sie können offen, aber auch verborgen und subtil stattfinden. HelferInnen müssen sich davor hüten, auf diese Provokationen einzugehen. Die bewußte oder unbewußte Absicht dabei ist meistens, daß der Helfer oder die Helferin den Klienten in irgendeiner Art mißbrauchen soll, sei sie nun sexuell oder nicht, oder ihn im Stich lassen soll. Wenn HelferInnen Wut oder Gleichgültigkeit gegenüber dem Klienten empfinden oder wenn sie das Gefühl haben, zu irgend etwas verführt zu werden, sind dies häufig Alarmsignale für subtile Provokationen. Auch wenn diese Alarmsignale nicht verspürt werden, müssen HelferInnen immer auf Provokationen gefaßt sein und diese, sobald sie auftauchen, zur Sprache bringen. Oft ist ein Klient sich seines Testverhaltens nicht bewußt, und darüber zu sprechen kann für ihn ein Anknüpfungspunkt sein, mehr darüber zu erfahren, wie er mit anderen Menschen umgeht und welche Folgen das hat. Auch kann es dem Klienten neue Einsichten darüber vermitteln, wie er selbst sein Mißtrauen anderen gegenüber aufrechterhält.

Plötzliches Abbrechen der Behandlung (drop-out). Manche Opfer, vor allem diejenigen, denen es schwerfällt, zu vertrauen und Verpflichtungen einzugehen, oder diejenigen, die eine recht schwache oder borderlineartige Persönlichkeit haben, sind mitunter geneigt, plötzlich den Therapiekontakt abzubrechen. Das ist kennzeichnend für das Such- und Fluchtverhalten, das viele Opfer sexuellen Mißbrauchs an den Tag legen. Natürlich kann niemand den Klienten dazu zwingen, den therapeutischen Kontakt fortzusetzen, jedoch kann ihm klar die Möglichkeit geboten werden, die therapeutische Behandlung später wieder aufzunehmen. Informationen über die Behandlung und eine transparente Struktur, zu der klare Vereinbarungen bezüglich der Teilnahme an der Therapie sowie deren Beendigung gehören, können die Wahrscheinlichkeit eines frühzeitigen *drop-out* verringern.

Erotisierendes Verhalten des Betroffenen. Opfer sexuellen Mißbrauchs können übermäßig sexualisiert sein. Manche haben darüber hinaus auch gelernt, durch sexuelles oder sexuell gefärbtes Verhalten um Aufmerksamkeit zu bitten, Wohlwollen zu erzeugen oder jemanden einzuwickeln und an sich zu binden. HelferInnen dürfen niemals auf eventuelle sexuelle Angebote des Klienten eingehen, und sie müssen sehr darauf achten, dieses sexualisierte oder erotisierende Verhalten beim Klienten nicht zu verstärken oder zu fördern. Eventuelles sexualisierendes Verhalten des Klienten muß in der therapeutischen Begleitung analysierend zur Sprache gebracht werden. (Eine allzu konfrontative Herangehensweise würde den Klienten lediglich in eine Verteidigungshaltung treiben.) So wird der Klient sich allmählich seines Verhaltens und dessen Bedeutung und Folgen bewußt. Für professionelle HelferInnen empfiehlt es sich, ihre eigene sexuelle Verführbarkeit zu überdenken. Professionelle HelferInnen müßten sich während ihrer Ausbildung, in der Supervision oder Intervision durch Rollenspiele mit KollegInnen im Umgang mit Situationen üben können, in denen der Klient sich sexualisierend oder erotisierend verhält.

Dissoziative Reaktionen während der Behandlung. Opfer, die mit dissoziativen Störungen zu kämpfen haben, können während der Therapie ebenfalls dissoziativ reagieren. Das kann für den Klienten wie für die HelferInnen sehr verwirrend sein. Dissoziative Reaktionen treten vor allem dann auf, wenn der Klient sich vom Helfer bzw. von der Helferin unter Druck gesetzt fühlt; sie entstehen jedoch bisweilen auch dann, wenn Behandlung und HelferIn zu wenig Struktur bieten. Diese Reaktionen können die Form von Dämmerzuständen und *blanking-outs* (Gedächtnisverlusten) haben oder, im Fall einer multiplen Persönlichkeitsstörung, zur Annahme einer anderen Persönlichkeit führen. Professionelle HelferInnen können dissoziativen Reaktionen am besten entgegenwirken, indem sie dem Klienten Unterstützung, Sicherheit und Struktur bieten.

Das Fehlen von PTSD- und Dissoziationssymptomen bedeutet nicht, daß der Klient kein Trauma erlitten hat. Viele professionelle HelferInnen gehen mehr oder weniger davon aus, daß PTSD und Dissoziation unlöslich mit dem Trauma sexuellen Mißbrauchs verbunden seien. Das ist jedoch unrichtig, wie schon an früherer Stelle dargelegt wurde. Bei den meisten Opfern werden keine wichtigen Symptome dieser Kategorie gefunden. Auch diese Klienten sind deutlich traumatisiert, jedoch auf andere Art.

Mit dem Mißbrauch zusammenhängende Ereignisse verschweigen oder in einem anderen Licht erscheinen lassen. Scham- und Schuldgefühle sowie das bestehende Tabu gegenüber sexuellem Mißbrauch an Jungen und Männern können dazu führen, daß der Klient bestimmte Ereignisse, Erlebnisse und Aspekte des Mißbrauchs in einem anderen Licht erscheinen läßt oder sie verschweigt. Wird dies nicht rechtzeitig durchschaut, kann es zu einem Katz-und-Maus-Spiel kommen. Der Klient versucht dann, alle möglichen Fassaden aufrechtzuerhalten, während die Helferin bzw. der Helfer diese Fassaden gerade durchbrechen will. Ein gutes Gleichgewicht zwischen kritischem Zuhören einerseits und Beistand und Schaffung einer vertrauensvollen Atmosphäre andererseits kann die Wahrscheinlichkeit dieses Phänomens verringern.

Manche sexuell mißbrauchten Männer haben die Neigung, sich stark *abhängig* zu geben und sich in symbiotische Beziehungen zu verstricken. In diesen Fällen droht die Gefahr, daß der Klient sich HelferIn und Therapie gegenüber abhängig verhält, was zu einer Verstärkung der Opferidentität des Klienten führen kann und damit zu einer geringeren Chance, außerhalb der Behandlungssituation mit sich zurechtzukommen. Ausserdem verringert es die Wahrscheinlichkeit, daß der Klient nach der therapeutischen Begleitung selbst zur Lösung eigener Probleme imstande ist.

Ein Mangel an Motivation kommt häufig vor, besonders zu Beginn der Therapie. Vor allem Kinder und Jugendliche kommen oft nicht aus eigenem Antrieb, sondern sind von anderen geschickt worden. Manche Opfer werden von der Justiz an eine Beratungsstelle weiterverwiesen. Dann handelt es sich meistens um Menschen, die sich delinquent, aggressiv oder antisozial verhalten haben und die die Notwendigkeit einer Therapie nicht einsehen. Doch auch diejenigen Klienten, die sich selbst anmelden, neigen anfangs häufig zu Zweifeln und Vorbehalten. Es ist entscheidend, den Klienten rechtzeitig für die Behandlung zu motivieren, um einem frühzeitigen Abbruch des therapeutischen Kontakts zuvorzukommen und um eine förderliche, kooperative und aktive Haltung beim Klienten zu unterstützen. Zu Beginn des therapeutischen Kontakts muß dem Klienten klargemacht werden, welche Entwicklungsmöglichkeiten für ihn zu erwarten sind. Das bedeutet auch, daß zu hohe Erwartungen an die Therapie korrigiert werden müssen. Hier führt ein falsches Bild leicht zu einem Motivationsmangel und manchmal sogar zu Angst vor der Behandlung. Der Klient muß also zu Anfang sehr gut darüber informiert werden, was die Therapie beinhaltet.

Vorurteile der HelferInnen. In vorangegangenen Kapitel wurde dargelegt, daß die Vorstellung, sexuell mißbrauchte Jungen würden später zu Tätern, von großem Einfluß auf die Haltung der HelferInnen gegenüber dem Klienten ist. Es kann sein, daß sie den Klienten direkt oder indirekt stigmatisieren. Auch die auf Initiative der HelferInnen eingeführten Behandlungselemente, die auf die Prävention von Täterverhalten abzielen, können vom Klienten als implizite Stigmatisierug erfahren werden. Außerdem kommt es häufig vor, daß HelferInnen ein stereotypes Männerbild haben, in dem kein Raum ist für die Erfahrung sexuellen Mißbrauchtseins. Auch das wird deren Haltung gegenüber ihren Klienten beeinflussen. Sie werden den Klienten dann rasch geringschätzig als „Schwächling" oder vielleicht als „Tunte" betrachten. Die HelferInnen werden außerdem eher zu der Überzeugung gelangen, der Klient habe den Mißbrauch selbst gewollt und als schön empfunden. Das kann für den Klienten vernichtende Folgen haben. Ein sehr schlimmer Aspekt der Stigmatisierung durch professionelle HelferInnen ist, daß diese so gut wie nie zur Sprache kommt, sondern implizit in der Behandlung mitschwingt. Oft sind die HelferInnen selbst die letzten, die dieses Phänomen entdecken oder einsehen. Der Klient wird im allgemeinen nicht geneigt sein, das Gefühl des Stigmatisiertseins durch die Helferin bzw. den Helfer in Worte zu fassen und auszusprechen. Deshalb müssen SupervisorInnen und IntervisorInnen auf dieses Phänomen achten. Natürlich gilt auch für HelferInnen, daß sie immer kritisch gegenüber der eigenen Behandlungsweise sowie den eigenen Vorstellungen und Stereotypen bleiben müssen. Das Stigmatisieren des Klienten führt unwiderruflich zum Mißlingen der Therapie.

Ein oft sehr verwirrendes Phänomen bei der therapeutischen Begleitung sexuell mißbrauchter Klienten ist die *Übertragung*. Hier geht es übrigens um ein weiter aufzufassendes Phänomen als um die psychologische Definition des Begriffs Übertragung. Gemeint ist die Projektion von Gefühlen des Klienten auf die Helferin bzw. den Helfer; Gefühle, die sich eigentlich auf den Täter oder die Täterin beziehen oder auf eine wichtige sonstige Person. Der Klient reagiert dann auf die Helferin/den Helfer wie auf den Täter/die Täterin oder die andere wichtige Person. Das Erkennen dieses Phänomens ist nicht leicht, weil es schwierig ist, herauszufinden, ob tatsächlich eine Übertragung vorliegt oder ob dies der allgemeine Umgangsstil des Klienten ist. Übertragung findet meistens allmählich statt und ist oft sehr subtil. Darüber, ob der Übertragung entgegengewirkt oder aber ob diese therapeutisch genutzt werden soll, besteht keine einhellige Meinung.

Es kann gefährlich sein, die Übertragungssituation fortdauern zu lassen, weil dann die Kommunikation zwischen HelferIn und Klient immer unklarer wird und zunehmend indirekt stattfindet. Klient und HelferIn stehen dann nicht mehr in einem offenen Gedankenaustausch miteinander, sondern interpretieren statt dessen gegenseitig. Eine offene Kommunikation zwischen beiden ist für den therapeutischen Erfolg von grosser Wichtigkeit. Deshalb muß überprüft werden, was die Übertragung beim Klienten bedeutet.

Mangelnde Impulskontrolle beim Klienten. Eine Gruppe von Opfern ist geneigt, Wut und Frustration hauptsächlich aggressiv nach außen zu richten (zu externalisieren) und bewegt sich häufig in kriminellen Kreisen. Diese Gruppe hat große Schwierigkeiten mit der Kontrolle der eigenen Impulse sowie damit, das eigene Verhalten zu beherrschen. Eine ausschließlich verbale Therapie ist hier so gut wie fruchtlos. Verhaltenstherapeutische Techniken zur Förderung der Selbstkontrolle sind jedoch geeignet, den therapeutischen Prozeß wesentlich zu fördern.

Der Prozeß der Traumaabhängigkeit nach der Erfahrung sexuellen Mißbrauchtseins, wie ihn van der Kolk (1988) beschreibt, kann ebenfalls eine Rolle spielen. Van der Kolk warnt davor, daß eine therapeutische Begleitung bisweilen diese Abhängigkeit verstärken kann. Bei manchen Klienten scheint dieses von van der Kolk beschriebene Phänomen tatsächlich vorzukommen: Die Lösung von dem Trauma geht dann mit großen Widerständen des Klienten einher. Dieser Widerstand ist nicht als Unwille zu interpretieren, von dem Trauma Abstand zu nehmen, sondern eher als Ohnmacht. Wenn Traumaabhängigkeit wahrgenommen wird, müssen die angewandten Behandlungsstrategien noch einmal überprüft werden.

Vielen Opfern fällt es schwer, *die eigenen Grenzen zu erkennen und anzugeben:* Für sie ist es nicht leicht, festzustellen, was für sie akzeptabel ist und was nicht, und dies auch zu vertreten. Außerdem sind viele Klienten zu wenig selbstbewußt. Eigene Wünsche und Sehnsüchte, aber auch Ängste und Frustrationen werden häufig nicht rechtzeitig erkannt. Klagen über den Therapeuten oder die Therapeutin werden meist nicht so rasch geäußert werden. Oft sucht der Klient dann einen anderen, indirekten Weg, den nicht akzeptierten Aspekten des therapeutischen Kontakts zu entkommen. Entweder beendet er plötzlich die Therapie, zeigt dissoziative Reaktionen oder bagatellisiert die eigenen Empfindungen und das eigene Erleben bzw. gibt diese unrichtig wieder. Um dies zu verhindern, können HelferInnen den therapeutischen Prozeß regelmäßig gemeinsam mit dem Klienten evaluieren. Manchmal ist es ratsam, die letzten zehn Minuten jeder Behandlungssitzung darauf zu verwenden.

Das Bagatellisieren und Verdrängen der Probleme seitens der Helferin oder des Helfers. Manche, vor allem unerfahrene HelferInnen sind geneigt, die Probleme insbesondere sexuell mißbrauchter Männer zu leicht zu nehmen. So kann es geschehen, daß professionelle HelferInnen, in der Absicht, den Klienten dadurch zu unterstützen, indem sie positiv benennen, was als negativ angesehen wird, dem Klienten gerade das Gefühl geben, mit seinen Problemen nicht ernst genommen zu werden. Positives Benennen kann in einem späteren Stadium der therapeutischen Begleitung jedoch ein gutes Hilfsmittel sein. Dadurch wird für den Klienten die eigene Entwicklung sichtbar, und er kann die positiven Aspekte sehen, die er in seiner bedrängten Lage herausgebildet hat. Auch vermag es den Klienten anzuregen, aus seinen negativen Lebenserfahrungen positive Lernerfahrungen zu schöpfen. Wenn HelferInnen jedoch zu früh damit anfangen, positiv zu benennen, bringt dies die Gefahr mit sich, daß der Klient sich unverstanden fühlt und so das notwendige Vertrauensverhältnis zwischen Klienten und HelferIn negativ beeinflußt wird.

Nach dieser Liste von möglichen Schwierigkeiten ist es notwendig, noch einmal nachdrücklich an die große Bedeutung regelmäßiger und tiefgehender Supervision und Intervision zu erinnern. Oft ist es für professionelle HelferInnen selbst am allerschwierigsten, die Fallgruben in der eigenen Behandlungsweise rechtzeitig zu entdecken. Hilfe von KollegInnen und von Fachleuten auf dem Gebiet sexuellen Mißbrauchs ist dabei unentbehrlich. Ein kritischer Blick auf die eigene Arbeitsweise sowie eine solide Analyse der Behandlungssitzungen sind sehr wichtig, um die Qualität der angebotenen Hilfe zu fördern und zu überprüfen.

Die vielleicht wesentlichste Schlußfolgerung lautet, daß der Mangel an betreuerischer Erfahrung mit sexuell mißbrauchten Männern behoben werden muß. Professionelle HelferInnen müssen offen für diese Klientengruppe sein und bei ihren männlichen Klienten der Frage nachgehen, ob diese Erfahrungen mit sexuellem Mißbrauch haben. Am besten fragen HelferInnen danach schon beim Eingangsgespräch, wie das gegenwärtig bereits bei Klientinnen geschieht. Die Frage, ob der männliche Klient sexuellen Mißbrauch erlebt hat, müßte wie gesagt eine Standardfrage in diesem Eingangsgespräch sein.

Eine therapeutische Begleitung, die mehrere Methoden miteinschließt, bietet im allgemeinen die größten Erfolgsmöglichkeiten. Wissen über sexuellen Mißbrauch, aber auch eine weitgefaßte Sicht dieses Problems sind sehr wichtig. Die Therapie muß für jeden Klienten individuell zugeschnitten sein. Dafür sind ausreichende Kenntnisse über das Umfeld und den Lebenslauf des Klienten eine unabdingbare Voraussetzung.

Fachliteratur über professionelle Hilfe für sexuell mißbrauchte Frauen kann, mangels entsprechender Literatur über die therapeutische Begleitung männlicher Opfer, als Inspirationsquelle dienen. Allerdings ist noch nicht hinreichend klar, ob bei Frauen angewandte Behandlungsformen bei mißbrauchten Männern ebenso erfolgreich sind. Es scheint mir jedoch wahrscheinlich, daß es mehr Übereinstimmungen als Unterschiede zwischen den angezeigten Behandlungsmethoden für sexuell mißbrauchte Männer und Frauen geben wird.

Die therapeutische Begleitung in der Praxis

Jan

Jan erhielt sowohl Einzel- als auch Gruppenbetreuung. Es war für ihn erhellend und erleichternd, seine Erfahrungen mit mir und der Gruppe ausführlich zu besprechen. Doch seine Bitte um Hilfe meinte nicht so sehr die Verarbeitung seiner Erfahrungen (mißbraucht zu werden war eher ein Teilaspekt seines Lebens als eine Serie zerstörerischer Ereignisse), als vielmehr Hilfe, sich selbst zu entdecken und sein Leben neu einzurichten. Er wollte Ziele finden, für die er leben konnte, und verschiedene Wege ausprobieren, diese Ziele zu verwirklichen. Hierbei war die Gruppe für Jan über gut ein Jahr ein wertvoller Resonanzboden. Auch hat er von verschiedenen Experimenten profitiert, die er in meinem oder der Gruppe Auftrag durchführen mußte – beispielsweise nein zu sagen in sexuellen Situationen.

Erwin

Nach fast anderthalb Jahren psychiatrischer Behandlung hat Erwin wenig Fortschritte zu verzeichnen. Er meldet sich bei mir an und wird sowohl individuell als auch in der Gruppe betreut. Das gründliche Besprechen seiner Mißbrauchserfahrungen und der sich daraufhin entwickelnden Gedanken und Gefühle verhilft Erwin zu mehr Einsicht in seine Probleme und damit zu einem besseren Umgang mit ihnen.

Vor allem die Schuldfrage („Bin ich an dem Mißbrauch schuld?") spielt in seinen depressiven und ängstlichen Stimmungen eine wichtige Rolle. Daß er sich nicht zur Wehr setzte, Erektionen bekam und zum Orgasmus gelangte, verstärkt seine Schuldgefühle und seine Angst, schwul zu sein.

Selbsthypnose und Entspannungsübungen haben bei Erwin anfangs wenig Effekt. Danach wird das Psychodrama gewählt; der erste Schritt in der Verarbeitung soll das Durchspielen des Traumas sein. In der ersten Psychodrama-Sitzung werden seine Ängste vor Homosexualität dargestellt. Es gibt drei Erwins: den „schwulen Erwin", den „Macho-Erwin" und den „wirklichen Erwin". Die ersten beiden Erwins haben klar umschriebene Rollen, die Rolle des wirklichen Erwin jedoch muß anhand dessen, was im Drama geschieht, sowie anhand der Gefühle, die das bei Erwin hervorruft, ausgefüllt werden. Die Rollen des schwulen Erwin und des Macho-Erwin werden abwechselnd von ihm und von Gruppengefährten gespielt. Alle zwanzig Minuten stelle ich Erwin die Frage, mit welcher Rolle er sich am meisten identifiziert und an welchen Punkten das mit der Wirklichkeit übereinstimmt oder nicht. Wenn er sich mit keiner der Rollen identifizieren kann, kann er angeben, wie er sich mit „Erwin" identifiziert. Aufgrund dessen wird die Rolle des „wirklichen Erwin" ausgefüllt.

In der zweiten Sitzung geht es um die Schuldfrage. Erwin spielt die Rolle des wirklichen Erwin und muß gegen die ihn beschuldigenden Stimmen angehen, die er häufig hört. Die Stimmen (es sind die der Gruppenmitglieder) rufen ihm zu, er habe den Sex mit seinem Vater selbst gewollt und schön gefunden, und es sei seine Schuld. Es entsteht ein Wortwechsel zwischen Erwin und den Stimmen, in dem Erwin immer emotionaler wird, böse und traurig zugleich. Nach einer Stunde stellt sich heraus, daß er den Wortwechsel mit seinem Vater führt. Ich nehme die Rolle des Vaters auf mich und trete von hinten hervor, von dort, wo die Stimmen sind, und stelle mich vor ihn. Ich beginne wieder mit den Anschuldigungen, woraufhin Erwin mir sehr emotional zuschreit, was er fühlt und was ich (sein Vater) ihm angetan habe. Er rückt mir zu Leibe und verteilt gutsitzende Schläge. Erwin wird von einigen Gruppenmitgliedern zurückgehalten. In der Rolle seines Vaters gebe ich zu, daß ich ihm die Schuld einreden wollte, um meine eigene Schuld loszuwerden. Ich bitte ihn um Vergebung, woraufhin er mich bespuckt und schreit: „Du sollst krepieren, Scheißkerl!" Ich wiederhole das Schuldbekenntnis einige Male, und Erwin beruhigt sich allmählich.

Am nächsten Tag fühlt Erwin sich erleichtert, und es kommt ihm vor, als sei eine schwere Last von ihm abgefallen. Seitdem hört er keine Stimmen mehr. Auch hat er sich seit dieser Zeit nicht mehr selbst verletzt. Einige Wochen später schreibt er seinem Vater einen Brief, in dem er ihm alles vorwirft, was dieser ihm angetan hat. Auch erstattet er nachträglich noch Anzeige, obwohl er es nicht zu einem Prozeß kommen lassen will. Der Brief und die Anzeige genügen ihm. Einige Monate später erhält Erwin vollkommen unerwartet einen Brief seines Vaters, in dem dieser einen Teil seiner Schuld zugibt und um Vergebung bittet. Das hat eine sehr positive Wirkung auf Erwin.

Nach weiterer Arbeit an seinem Selbstvertrauen und der Herstellung vertrauensvoller Kontakte beginnt Erwin ein Studium. Er hat zwar noch einige Male einen Rückfall gehabt, doch konnte er sich jedesmal selbständig und ohne die Hilfe von FreundInnen wieder fangen.

Koen

Koen kam mit seinem Physikstudium nicht mehr zurecht. Auf Anraten eines Psychologen ließ er sich in eine therapeutische Gemeinschaft für Jugendliche aufnehmen. Seine sozialen Kompetenzen haben sich dort zusehends verbessert, aber wenn es darum ging, seine Mißbrauchserfahrung zu besprechen, hatte man kein Ohr für ihn. Koen verließ die Gemeinschaft vorzeitig und meldete sich bei mir an. Neben der individuellen Betreuung, die er erhielt, beteiligte er sich auch an einer von mir begleiteten Gesprächsgruppe von Menschen, die mit der normalen Psychiatrie nicht weitergekommen waren oder damit nichts zu tun haben wollten.

Für Koen war es sehr wichtig, in einer Atmosphäre des Vertrauens endlich über seine Erfahrungen, Gefühle und Zweifel reden zu können. Seine Probleme ausführlich zu besprechen verschaffte ihm mehr Klarheit, und zwar sowohl über seine Probleme als auch über sich selbst. Mit Unterstützung der Gruppe ging er daran, neue Verhaltensweisen für sich auszuprobieren.

Koen fand zunächst, er müsse ein „ganzer Kerl" sein, was er seiner Meinung nach nicht war und nicht sein konnte. Auch fand er, er müsse mit „ganzen Kerlen" Umgang haben. Diese Vorstellungen konnte er allmählich loslassen und sich statt dessen für Kontakte mit Menschen entscheiden, die besser zu ihm paßten. Feedback aus der Gruppe half Koen beim Aufbau seines Selbstvertrauens und eines positiveren Erlebens des eigenen Körpers. Er fand seinen Körper schmächtig und „weibisch", während er tatsächlich athletisch gebaut war. Er dachte auch zu Unrecht, er würde „tuntig" reden und sich bewegen. Wie sich herausstellte, war er der einzige in der Gruppe, dem das so vorkam. Daß weibliche Gruppenmitglieder seinen Körper anziehend und männlich fanden, war für ihn ebenfalls sehr wichtig. Koen brauchte dafür eine vielfache Bestätigung, ehe er ein positiveres Bild seines eigenen Körpers akzeptieren konnte.

Für die Verarbeitung seines Traumas genügte es nicht, lediglich darüber zu reden, sondern Koen mußte es auch erneut durchleben. Selbsthypnotische Techniken und Psychodrama haben sich dabei als sehr fruchtbar erwiesen. Koen konnte auf diese Weise äußern, was er während des Mißbrauchs nicht hatte sagen können und was er seitdem in sich aufgestaut hatte. Die Flashbacks wurden durch Selbsthypnose und Entspannungsübungen kontrolliert und positiv verändert.

Schlußbemerkung

Sexueller Mißbrauch an Jungen und Männern ist ein beträchtliches gesellschaftliches Problem. Wenn man von den gängigsten Definitionen sexuellen Mißbrauchs ausgeht, haben schätzungsweise 4 Prozent der männlichen niederländischen Bevölkerung sexuellen Mißbrauch am eigenen Leib erfahren. Selbst wenn man die allerstrengsten Definitionen sexuellen Mißbrauchs zugrundelegt, bei denen nur die schwerwiegendsten und extremsten Formen berücksichtigt werden, sind noch immer schätzungsweise 2 Prozent der niederländischen Männer sexuell mißbraucht worden. Ein erheblicher Teil dieser Männer erfährt mehr oder weniger ungünstige Folgen aus diesem Mißbrauch. Natürlich ist die Erfahrung an sich schon sehr unangenehm und bedrohlich. Außerdem bedeutet sie eine ernsthafte Verletzung der persönlichen Integrität.

Obwohl man sagen könnte, daß die Forschung auf diesem Gebiet ihr Anfangsstadium bereits hinter sich gelassen hat, sind weitere Untersuchungen – und zwar sowohl Wiederholungen bisher vorgenommener Studien als auch weitergehende und tiefgreifendere Untersuchungen – nach wie vor dringend notwendig. Dieses Buch beruht hauptsächlich auf US-amerikanischen (mitunter auch auf kanadischen und britischen) Studien. Die Untersuchung der niederländischen Situation ist deshalb von besonderer Wichtigkeit.

Auf dem Gebiet sexuellen Mißbrauchs haben Vorurteile und Stereotypen oft mehr Gewicht als tatsächliche Sachkenntnis. Dies trifft auch auf Beratungseinrichtungen und Wissenschaft zu. Deshalb muß der Sachverstand professioneller HelferInnen durch Aufklärung und Fortbildung gefördert werden. Auch eine auf die niederländische Öffentlichkeit abzielende, breit angelegte Aufklärungskampagne wäre geeignet, vielen oftmals schädlichen Vorurteilen und Stereotypen entgegenzuwirken. Sowohl sexuell mißbrauchte Männer als auch die Menschen in deren Umfeld könnten dadurch wertvolle Informationen über die Probleme erhalten, mit denen sie zu kämpfen haben. Das würde sexuell mißbrauchten

Männern helfen, ihre Isolation aufzugeben, und es könnte sie anregen, selbst etwas gegen ihre Probleme zu tun oder sich entsprechende Hilfe zu suchen.

Seitens der Beratungseinrichtungen muß sexuell mißbrauchten Jungen und Männern künftig mehr Aufmerksamkeit zukommen. Bei Eingangsgesprächen müßten männliche Klienten nach eventuellen Erfahrungen mit sexuellem Mißbrauch befragt und für die betroffene Klientengruppe müßten spezielle Betreuungsmöglichkeiten geschaffen werden.

Zuletzt möchte ich darauf hinweisen, daß die Erfahrung sexuellen Mißbrauchtseins weder für Männer noch für Frauen ein aussichtsloser Sumpf des Leidens zu sein braucht. In der Praxis sind oft genug Stimmen sexuell mißbrauchter Männer und Frauen zu hören, die – allein oder mit Hilfe anderer – ihre Probleme überwunden haben und ein Leben führen, das sie als angenehm und sinnvoll empfinden. Durch die Erfahrung sexuellen Mißbrauchtseins müssen Männer und Frauen nicht für ihr Leben gezeichnet sein. Sie müssen auch nicht für alle Zeiten Opfer bleiben.

Anmerkungen

Vorwort

1. Die Situation in Deutschland ist ähnlich. Eine der wenigen Veröffentlichungen ist Jos van den Broek: *Verschwiegene Not. Sexueller Mißbrauch an Jungen,* Zürich/Stuttgart: Kreuz Verlag, 1993.
2. Die Stiftung „Mannen Tegen Seksueel Geweld" wurde Anfang 1992 aufgehoben. Ihre Aktivitäten werden innerhalb des Projekts „Mannen Tegen Seksueel Geweld" der Stiftung SOMAN (Stichting Ondersteuning Mannenwerk) fortgesetzt.
   Die Adresse: Postbus 19198, NL - 3502 Utrecht.

1. Kapitel

1. Siehe insbesondere Finkelhor 1986; Sandfort 1988; Draijer 1988; Wyatt & Peters 1986 a, 1986 b; Rush 1982; Wirtz 1989 und Kavemann & Lohstöter 1984. Diese Quellen gehen zudem ausführlich auf die Problematik der Operationalisierung der verschiedenen Definitionen sowie der Konzeptualisierung von sexuellem Mißbrauch ein.
2. Siehe u.a. Summit; Nasjleti; Finkelhor 1979, 1984, 1986; vander Mey 1988 a, b; Sandfort; Mrazek & Mrazek, Gold.
3. Siehe Finkelhor 1979, 1984, 1986; Russell 1983, 1984 a, b, 1986; Burgess & Holmstrom 1974 a; Peters 1976; Trube-Becker 1992.
4. Negativ urteilen hierüber z.B. Herman & Hirschman 1981; Travin u.a.; positiv: Sandfort; vander Mey; Yorukoglu; Vennix; Risin & Koss.
5. Davila; Henderson; beide zit. n. Wolters 1982.
6. Wolters 1982,1987; Wolters u.a. 1982 a, b, 1985

2. Kapitel

1. Finkelhor 1979, 1984, 1986; Wyatt & Peters 1986 a, b; Peters, Wyatt & Finkelhor.
2. Mills u.a.; Jacobson & Richardson.
3. Badgley u.a.; Mina u.a.; Mrazek u.a.; Baker & Duncan.

4. Vander Mey 1988 a, b; Gianotten 1988; Reinhart; Finkelhor 1984 sowie Pierce & Pierce 1985 a,b nennen ein niedrigeres Alter; Frisbie; Finkelhor 1979; Gebhard u.a.; Mohr u.a. sowie Queen's Bench nennen ein höheres Anfangsalter.
5. Finkelhor 1986; vander Mey 1988 a, b.
6. Siehe vander Mey 1986, 1988 a,b; Finkelhor 1979, 1984, 1986; Johnson & Shrier 1985; Burgess u.a. 1987; Pierce & Pierce 1985 a, b; Gordon & O'Keefe; Lukianovicz; Weinberg; Wahl; Shengold 1980; Langsley u.a.; Dixon u.a.; Nielson 1983; Baker; Geiser; Berry; Yorukoglu & Kemph; Forward & Buck; Petrovich & Templer.
7. Siehe vander Mey 1986, 1988 a,b; Pierce & Pierce 1985 a, b; Finkelhor 1979, 1984, 1986; Gianotten 1988; Andriesse & van Outsem, Wolters u.a. 1982 a, b; Ellerstein & Canavan; Sarrel & Masters; Burgess & Holmstrom 1974 a; Johnson & Shrier 1985; Drion; Petrovich & Templer; Friedrich u.a. 1988; Risin & Koss; Friedrich & Luecke.
8. Geiser; Baker; Finkelhor 1984; Visser 1981, 1982; Wolters 1982 b.
9. Vander Mey 1986; Sarrel & Masters; Petrovich & Templer; Bancroft 1980; Kinsey u.a. 1984 a; Gianotten 1988; Laws & Rubin; Jaffe u.a.; Heiman & Rowland; Barclay; Barclay & Haber; Bancroft & Matthews; Gantt; Arroyo; Eth & Pynoos; Yates.
10. Siehe u.a. Pierce & Pierce 1985 a, b; Finkelhor 1984; Rogers & Terry; Gianotten 1988; Johnson & Shrier 1985; Fritz u.a.; Risin & Koss; Drion; vander Mey 1986.
11. Yorukoglu & Kemph; Sandfort.
12. Ausschließlich männliche Täter: Carmen u.a.; Jaffe u.a. In der Mehrheit männliche Täter: Vennix; Finkelhor 1979, 1984, 1987; Bell & Weinberg; Gebhard u.a.; Jacobson & Richardson; Andriesse & van Outsem; Gianotten 1988; vander Mey 1988 b. Gleiche Zahl: Risin & Koss; Johnson & Shrier 1987. In der Mehrzahl weibliche Täter: Fritz u.a.; Petrovich & Templer, Drion.
13. Vornehmlich außerhalb der Familie: Gianotten 1988; Finkelhor 1979, 1981, 1984; Johnson & Shrier 1985; Vennix; Porter; Risin & Koss. Vornehmlich innerhalb der Familie: vander Mey 1988 b; Friedrich u.a. 1988; Spencer & Dunklee.
14. Vater und Stiefvater: Pierce & Pierce 1985 a, b; vander Mey 1988 b; Friedrich u.a. 1988.

15. Sarrel & Masters; Petrovich & Templer; Risin & Koss.
16. Rogers & Terry; Gianotten 1988; Friedrich u.a. 1988; Risin & Koss.
17. Empfohlene Literatur zu diesem Thema: Araji & Finkelhor; Atcheron & Williams; Beyaert; Damen & van Oosten; Finkelhor 1986; Fehrenbach & Monastersky; Finkelhor & Russell; O'Connor.

3. Kapitel

1. Finkelhor 1979, 1984, 1986; Gianotten 1988; Johnson & Shrier 1985, 1987; Sebold; Rensen; Sarrel & Masters; Burgess u.a. 1987; Masters; Nasjleti; Knopp 1985; Summit; Shengold 1979; vander Mey 1986, 1988; Russell 1984 b; Burgess & Holmstrom 1974 b; Drion; Gomes-Schwartz u.a.; Friedrich u.a. 1986, 1988.
2. Gianotten 1988; Rimsza & Niggeman; Ellerstein & Caravan; Herbert; Spencer & Dunklee.
3. Gianotten 1988; vander Mey 1988 b; Finkelhor 1984, 1986; Rensen; Burgess u.a. 1987; Summit; Lindberg & Distad; Friedrich u.a. 1986, 1988.
4. Für eine kritische Diskussion des Begriffs „sexualisiertes Verhalten" von Kindern siehe Kapitel 6 in Susanne Jackstell und Marina Orywahl: *Gruppenarbeit als Chance für Mädchen im Grundschulalter* (Ruhnmark 1993, im Druck) (Anm. des Verlages).
5. Johnson & Shrier 1987; Finkelhor 1979, 1984; Justice & Justice.
6. Herman 1992.
7. Fritz u.a.; Johnson & Shrier 1985, 1987; Freeman-Longo; Gianotten 1988; Browne & Finkelhor; Finkelhor 1979, 1984, 1986, 1987; Finkelhor & Browne 1986; Sarrel & Masters; Burgess u.a. 1987 a; Masters; Freud; Jacobson & Richardson; vander Mey 1986, 1988 a, b; Green; Justice & Justice; Nasjleti; Carmen u.a.; Summit; Myers; Shengold 1979; Langsley u.a.; Lindberg & Distad; Sebold 1987; Oudshoorn 1989; van Craen & Pieters; Kilpatrick u.a.; Eth & Pynoos; Goodwin; Courtois; Gelinas; Briere; Rogers & Terry; Petrovich & Templer; Friedrich u.a. 1986, 1988; Risin & Koss; Constantine; Burgess u.a. 1978; Tsai u.a., Russell 1984 b; Mrazek & Mrazek; Atheson u.a.; Friedrich & Luecke; Guntrip; van der Kolk.
8. Fritz u.a.; Johnson & Shrier 1985, 1987; Sarrel & Masters; vander Mey 1986, 1988 a, b; Summit; Pierce & Pierce 1985 a, b; Gianotten

1988; Finkelhor 1984; Nasjleti.
9. Friedrich u.a. 1986; Atheson u.a.; Risin & Koss.
10. Finkelhor 1987; Rogers & Terry; Justice & Justice; James & Meyerding; Davis.
11. Dieser Abschnitt ist eine überarbeitete Fassung des Beitrags „Seksueel misbruikte jongens en mannen: gedoodverfde plegers?" („Sexuell mißbrauchte Jungen und Männer: Von vornherein abgestempelt als Täter?"), in: *Maandblad Geestelijke Volksgesondheid 9,* 1990, S.924-934.
12. Knopp 1982, 1984, 1985; Johnson & Shrier 1985; Serril, N=150; Groth; Fehrenbach u.a. 1986, 1988.
13. Gil; Silver u.a.; Starr; Kotelchuk; Pagelow; Kaufman & Zigler.
14. Court; Carter; Spinetta & Rigler; Herrenkohl u.a.; Oliver u.a.; Quinton & Rutter.

4. Kapitel

1. Zur neueren Diskussion diagnostischer Richtlinien und Bestrebungen zur Einführung des Begriffs „komplexes PTSD-Syndrom" siehe Herman 1992, S. 120 ff. (Anm. des Verlages)

5. Kapitel

1. De Zeeuw; Sundberg.
2. Die spezifische Fachliteratur beschreibt Hypnose unterschiedlich, sowohl als bewußt herbeigeführten und vom Klienten/von der Klientin beeinflußbaren Trancezustand, als auch als einen vom Klienten/von der Klientin unbeeinflußbaren Zustand, der von den Behandelnden bestimmt und geleitet wird. (Anm. des Verlages)
3. Die familientherapeutische Arbeit im herkömmlichen Sinne ist für den Bereich sexuellen Mißbrauch äußerst umstritten. Ausgehend davon, daß es sich um eine Wiederholungstat handelt, daß TäterInnen selten eine eigene Motivation aufbringen und der Schutz des Opfers nicht hinreichend gesichert werden kann, ist die Sinnhaftigkeit dieser Methode, insbesondere die reale Konfrontation mit dem Täter bzw. der Täterin, für das betreffende Kind fragwürdig. (Anm. des Verlages)

4. Medikamentöse Behandlung kann in jedem Fall nur temporäres Mittel sein; insbesondere unter dem Aspekt der Medikamentenabhängigkeit ist jeder anderen Behandlungsmethode der Vorzug zu geben und dürfen Medikamente erst nach sorgfältiger Prüfung und gegebenenfalls Abstimmung mit dem Klienten/der Klientin angewandt werden. (Anm. des Verlags)

Literatur

Die mit * markierten Titel sind als einführende Literatur geeignet.

Abramson, L., M. Seligman und J. Teasdale (1978): „Learned helplessneess in humans: critique and reformulation", in: *Journal of Abnormal Psychology 87,* S. 49-74

American Psychiatric Association (1987): *Diagnostisches und Statistisches Manual Psychischer Störungen DSM-III-R,* deutsche Bearbeitung und Einführung von H.-U. Wittchen, H. Saß, M. Zaudig und K. Koehler, 3., korrigierte Auflage 1991, Weinheim

Andriesse, F. und R.E van Outsem (1988): *Seksueel misbruikte jongens aangemeld voor hulpverlening: een N=45 rapport-onderzoek.* Leiden, Stichting Wetenschappelijk Bureau Seksueel misbruik

Araji, S. und D. Finkelhor (1986): „Abusers, a review of the research", in: D. Finkelhor (Hg.): *A Sourcebook on Child Sexual Abuse,* Beverly Hills/London/Neu Delhi, 2. Aufl., S. 89-118

Arrindell, W.A. und J.H.M. Ettema (1986): *Klacktenlijst SCL-90* , Swets & Zeitlinger, Lisse

Arroyo, W., S. Eth und R. Pynooss (1984): „Sexual assault of a mother by her preadolescent son", in: *American Journal of Psychiatry 141,* S. 1107-1108

Atcheron, J.D. und D.C. Williams (1954): „A Study of juvenile sex offenders", in: *American Journal of Psychiatry 111,* S. 366-370

Atheson, J.D., K.S. Calhoun, P.A. Resick und E.M. Ellis (1982): „Victims of rape: repeated assessment of depressive symptoms", in: *Journal of Consulting and Clinical Psychology 50,* S. 96-102

Baartman, H.E.M. (1987): „Kindermishandeling: een verkeerde afrekening", in: R. Haanstra, K. Kooijman und P. Schoof: *Geweld tegen kinderen,* Den Haag

Badgley, R., H. Allard, N. McCormick, P. Proudfoot, D. Fortin, D. Ogilvie, Q. Rae-Grant, P. Gelinas, L. Pepin und S. Sutherland (1984): *Sexual Offences Against Children 1,* Ottawa

* Baker, A.W. und S.P. Duncan (1985): „Child sexual abuse: a study of prevalence in Great Britain", in: *Child Abuse and Neglect 9,* S. 457-467

Baker, C.D. (1980): „Preying on playgrounds: the sexploitation of children in pornography and prostitution", in: Leroy und Schultz (Hg.): *The Victimology of Youth,* Springfield

Bancroft, J. (1980): „Psychophysiology of sexual dysfunction", in: *Handbook of Biological Psychiatry,* S. 359-392, New York

Bancroft, J. und A. Matthews (1971): „Automatic correlates of penile erection", in: *Journal of Psychosomatic Research 15,* S. 159-167

Barclay, A.M. (1969): „The effect of hostility on psychological and fantasy responses", in: *Journal of Personality 37,* S. 651-667

Barclay, A.M. und R.M. Haber (1965): „The relation of aggression to sexual motivation", in: *Journal of Personality 33,* S. 462-475

Bell, A. und M. Weinberg (1981): *Sexual Preference: Its Development among Men and Women,* Bloomington

Berry, G. (1975): „Incest: Some clinical observations on a classical theme", in: *Journal of the American Academy of Psychoanalysis 3,* S. 151-161

Beyaert, F.H.L. (1982): „Profiel van een dader?", in: W.H.G. Wolters: *Seksueel misbruik van kinderen en adolescenten,* Nijkerk, S. 96-105

Boszormenyi-Nagy, I. und G. Spark (1984): *Invisible Loyalties: Reciprocity in Intergenerational Family Therapy,* New York (dt.: 1992: *Unsichtbare Bindungen,* Stuttgart)

Briere, J. (1984): *The effects of childhood sexual abuse on later psychological functioning: defining a 'post-sexual abuse syndrome',* Vortrag auf der 4th Conference on Sexual Victimization of Children, Washington D.C.

Broek, J. van den (1993): *Verschwiegene Not. Sexueller Mißbrauch an Jungen,* Zürich/Stuttgart

Brom, D., R.J. Kleber und P.B. Defares (1986): *Traumatische ervaringen en psychotherapie,* Lisse

Browne, A. und D. Finkelhor (1986): „Initial and long-term effects: a review of the research", in: D. Finkelhor (Hg.): *A Sourcebook on Child Sexual Abuse,* Beverly Hills/London/Neu Delhi, 2. Aufl.

Burgess, R.L. und J. Garbarino (1982): „Doing what comes naturally?", in: D. Finkelhor (Hg.): *The Dark Side of Families,* New York

Burgess, A.W., A.N. Groth, L. Holmstrom und S.M. Sgroi (1978): *Sexual Assault of Children and Adolescents,* Lexington

Burgess, A.W., C.R. Hartman, M.P. McCausland und P. Powers (1984): „Response patterns in children and adolescents exploited through sex rings and pornography", in: *American Journal of Psychiatry 141,* S. 656-662

Burgess, A.W., C.R. Hartman und A. McCormack (1987): „Abused to abuser: antecedents of socially deviant behaviors", in: *American Journal of Psychiatry 144,* S. 1431-1436

Burgess, A.W. und L.L. Holmstrom (1974a): *Rape: Victims of Crisis,* Bouwie

Burgess, A.W. und L.L. Holmstrom (1974b): „Rape trauma syndrome", in: *Ameri-*

can Journal of Psychiatry 131, S. 981-986
Burgess, A.W. und L.L. Holmstrom (1976): „Coping behavior of the rape victim", in: *American Journal of Psychiatry 133*, S. 413-418
Burgess, A.W. und L.L. Holmstrom (1987): „Complicating factors in rape: adolescent case illustrations", in: A.W. Burgess u.a.: *Sexual Assault of Children and Adolescents,* Lexington, 18. Aufl.
Burgess, A.W. und L.L. Holmstrom (1987): „Accessory-to-sex: pressure, sex and secrecy", in: A.W. Burgess u.a.: *Sexual Assault of Children and Adolescents,* Lexington, 18. Aufl.
Burgess, A.W. und L.L. Holmstrom (1979): „Adaptive strategies and recovery from rape", in: *American Journal of Psychiatry 136,* S. 1278-1282
Burgess, A.W. und L.L. Holmstrom (1987): „Interviewing young victims", in: A.W. Burgess u.a.: *Sexual Assault of Children and Adolescents,* Lexington, 18. Aufl.
Burgess, A.W. und L.L. Holmstrom (1987): „The child and family during the court process", in: A.W. Burgess u.a.: *Sexual Assault of Children and Adolescents,* Lexington, 18. Aufl.
Burgess, A.W., L.L. Holmstrom und M.P. McCausland (1987): „Divided loyalty in incest cases", in: A.W. Burgess u.a.: *Sexual Assault of Children and Adolescents,* Lexington, 18. Aufl.
Burgess, A.W., L.L. Holmstrom und M.P. McCausland (1978): „Counseling young victims and their families", in: A.W. Burgess u.a.: *Sexual Assault of Children and Adolescents,* Lexington, 18. Aufl.
Burnam, A (1985): *persönliche Mitteilung in bezug auf die Los Angeles Epidemiological Catchment Area Study*
Burt, M.R. und R.E. Estep (1983): „Who is a victim? Definitional problems in sexual victimization", in: *Victimology 6,* S. 15-28
Calderone, M.S. (1983): „On the possible prevention of sexual problems in adolescence", in: *Hospital and Community Psychiatry 34,* S. 528-530
Carmen, E., P. Perri Rieker und T. Mills (1984): „Victims of violence and psychiatric illness", in: *American Journal of Psychiatry 141*, S. 378-383
Carter, J. (Hg.) (1974): *The Maltreated Child,* Hove
Constantine, L.L. (1980): „The effect of early sexual experiences: a review and synthesis of research", in: L.L. Constantine und F.M. Martinson (Hg.): *Children and Sex: New Findings, New Perspectives,* Boston
Corstjens (1975): in: J. Frenken und Van Lichtenburcht (Hg.) (1984): *Incest: feiten, achtergronden en hulpverlening – een symposium,* Zeist
Court, J. (1974): „Ervaringen in St. Mary's Hospital Medical School en Denver House in London", in: M.K. Sint-Van den Heuvel und E.J. Everts-Goddard (Hg.): *Kindermishandeling,* Deventer

Courtois, C (1986): „Treatment for serious mental health sequelae of child sexual abuse: post traumatic stress disorder in children and adults," Vortrag auf der 4th National Conference on Sexual Victimization of Children, New Orleans

* Craen, W. van und G. Pieters (1988): „De pijnlijke penis: een gedragstherapie met een hypnotherapeutische procedure als glijmiddel", in: *Gedragstherapie 21,* S. 257-273

Cupoli, J.M. und P.M. Sewell (1988): „One thousand fifty-nine children with a chief complaint of sexual abuse", in: *Child Abuse and Neglect 12,* S. 151-162

Damen, E. und N. van Oosten (1988): *Mannelijkheid en seksueel geweld. De dader belicht,* Deventer

Davis, N.J. (1971): „The Prostitute: developing a deviant sexuality", in: J. Henslin (Hg.): *Studies of the Sociology of Sex,* New York

DeFrancis, V. (1969): *Protecting the Child Victim of Sex Crimes Committed by Adults,* Denver

De Jong, A.R., G.A. Emmett und A.A. Hervada (1983): „Epidemiologic variations in childhood sexual abuse", in: *Child Abuse and Neglect 7,* S. 155-162

De Jong, A.R., G.A. Emmett und A.A. Hervada (1982): „Epidemiologic factors in sexual abuse of boys", in: *American Journal of Diseases of Children 136,* S. 990-993

De Jong, A.R., G.A. Emmett und A.A. Hervada (1982): „Sexual abuse of children", in: *American Journal of Diseases of Children 136,* S. 129-134

Dixon, K.N., L.E. Arnold und K. Calestro (1978): „Father-son incest: underreported psychiatric problem?", in: *American Journal of Psychiatry 135,* S. 835-838

Draijer, N. (1985): „De omvang van seksueel misbruik van kinderen in het gezin", in: *Maandblad Geestelijke Volksgezondheid 40,* S. 587-608

Draijer, N. (1988): *Seksueel misbruik van meisjes door verwanten. Een landelijk onderzoek naar de omvang, de aard, de gezinsachtergronden, de emotionele betekenis en de psychische en psychosomatische gevolgen,* Ministerie von Sociale Zaken

Drion, N. (1989): „Jongens als slachtoffer van seksueel misbruik", in: *Maandblad Geestelijke Volksgezondheid 44,* S. 159-164

Ellerstein, N.S. und W. Canavan (1980): „Sexual abuse of boys", in: *American Journal of the Disturbed Child 134,* S. 255-257

Eth, S. und R.S. Pynoos (1985): *Post Traumatic Stress Disorder in Children,* Los Angeles

Fehrenbach, P.A., W. Smith, C. Monastersky und R.W Deisher (1986): „Adolescent sexual offenders", in: *American Journal of Orthopsychiatry 56,* S. 225-233

Fehrenbach, P.A. und C. Monastersky (1988): „Characteristics of female adolescent sexual offenders", in: *American Journal of Orthopsychiatry 58,* S. 148-151

Finkelhor, D. (1979): *Sexually Victimized Children,* New York

Finkelhor, D. (1980): „Risk factors in the sexual victimization of children", in:

Child Abuse and Neglect 4, S. 265-273

Finkelhor, D. (1981): *Sexual Abuse of Boys: The Available Data,* Paper VS14, Family Violence Research Program, Durham, NH, University of New Hampshire

Finkelhor, D. (1984): „Perpetrators", in: D. Finkelhor (Hg.): *Child Sexual Abuse: New Theory and Research,* New York

Finkelhor, D. (1984): „Four preconditions: a model", in: D. Finkelhor (Hg.): *Child Sexual Abuse: New Theory and Research,* New York

Finkelhor, D. (1984): „Boys as victims: reviews of the evidence", in: D. Finkelhor (Hg.): *Child Sexual Abuse: New Theory and Research,* New York

* Finkelhor, D. (Hg.) (1984): *Child Sexual Abuse: New Theory and Research,* New York

* Finkelhor, D. (Hg.) (1986): *A Sourcebook on Child Sexual Abuse,* Beverly Hills/London/Neu Delhi, 2. Aufl.

Finkelhor, D. (1986): „Abusers: special topics", in: D. Finkelhor (Hg.): *A Sourcebook on Child Sexual Abuse,* Beverly Hills/London/Neu Delhi, 2. Aufl.

Finkelhor, D. (1986): „Designing new studies", in: D. Finkelhor (Hg.): *A Sourcebook on Child Sexual Abuse,* Beverly Hills/London/Neu Delhi, 2. Aufl.

Finkelhor, D. (1986): „Prevention: a review of programs and research", in: D. Finkelhor (Hg.): *A Sourcebook on Child Sexual Abuse,* Beverly Hills/London/Neu Delhi, 2. Aufl.

* Finkelhor, D. (1987): „The trauma of sexual child abuse: two models", in: *Journal of Interpersonal Violence 2,* S. 348-366

Finkelhor, D. und L. Baron (1986): „High-risk children", in: D. Finkelhor (Hg.): *A Sourcebook on Child Sexual Abuse,* Beverly Hills/London/Neu Delhi, 2. Aufl.

Finkelhor, D. und A. Browne (1985): „The traumatic impact of child sexual abuse: a conceptualization", in: *American Journal of Orthopsychiatry 55,* Nr. 4, S. 530-541

Finkelhor, D. und A. Browne (1986): „Initial and long-term effects: a conceptual framework", in: D. Finkelhor (Hg.): *A Sourcebook on Child Sexual Abuse,* Beverly Hills/London/Neu Delhi, 2. Aufl.

Finkelhor, D. und D. Russell (1984): „Women as perpetrators: review of the evidence", in: D. Finkelhor (Hg.): *Child Sexual Abuse: New Theory and Research,* New York

Forward, S. und C. Buck (1978): *Betrayal of Innocence: Incest and its Devastation,* Los Angeles

Freud, S. (1971): „Zur Ätiologie der Hysterie", in: Freud, S.: Studienausgabe Band 6, *Hysterie und Angst,* S. 51-82, Frankfurt a.M., 5. Aufl.

Friedrich, W.N., R.L. Beilke und A.J. Urquiza (1988): „Behavior problems in young sexually abused boys: a comparison study", in: *Journal of Interpersonal Violence 3,* S. 21-28

Friedrich, W.N., R.L. Beilke und A.J. Urquiza (1986): „Behavior problems in sexually abused young children", in: *Journal of Pediatric Psychology 11,* S. 47-57

Friedrich, W.N. und W.J. Luecke (1988): „Young school-age sexually aggressive children", in: *Psychology Research and Practice 19,* S. 155-164

Fritz, G.S., K. Stoll und N.N. Wagner (1981): „A comparison of males and females who were sexually molested as children", in: *Journal of Sexual and Marital Therapy 7,* S. 54-59

Frisbie, L.V. (1969): *Another Look at Sex Offenders in California,* Research Monograph Nr. 12, California Department of Mental Hygiene, Sacramento

Gantt, H. (1944): *The Experimental Bases of Neurotic Behavior,* New York

Gebhard, P., J. Gagnan, W. Pomeroy und C. Christensen (1965): *Sex Offenders: An Analysis of Types,* New York

Geiser, R.L. (1979): *Hidden Victims: The Sexual Abuse of Children,* Boston

Gelinas, D.J. (1983): „The persisting negative effects of incest", in: *Psychiatry 46,* S. 312-332

Gent, J. van (1990): *De rol van de vader bij het ontwikkelen van delinquent gedrag. Een onderzoek naar factoren in het opvoedingsmilieu van delinquente jongeren.* Dissertation, Fachgruppe Orthopädagogik RU Leiden, Rijksuniversiteit Leiden

* Gianotten, W.L. (1988): „Jongens als slachtoffer van seksueel misbruik", in: *Maandblad Geestelijke Volksgezondheid 43,* S. 1197-1207

Gianotten, W.L. (1987): „Incest bij jongens", in: Cohen-Kettenis, *Seksuologie: Incest,* Boerhaave Commissie PAOG/PAOS, Dezember, S. 145-161

Gianotten, W.L. (1987): „Een jongen met incest", in: *Tijdschrift voor Seksuologie 11,* S. 46-54

Giarretto, H. (1979): persönliche Mitteielung, zit. n. R.C. Summit (1983): „The child sexual accommodation syndrome", in: *Child Abuse and Neglect 7,* S. 177-193

Gil, D. (1970): *Violence Against Children,* Cambridge, MA

Gold, E.R. (1986): „Long-term effects of sexual victimization in childhood: an attributional approach", in: *Journal of Clinical and Consulting Psychology 54,* S. 471-475

Gomes-Schwartz, B., J.M. Horowitz und M. Sauzier (1985): „Severity of emotional distress among sexually abused preschool, school-age and adolescent children", in: *Hospital and Community Psychiatry 36,* S. 503-508

Goodwin, J. (1987): „Credibility problems in multiple personality disorder: patients and abused children", in: R.P. Kluft (Hg.): *Childhood Antecedents of MPD,* American Psychiatric Press (o.O.), 2. Aufl.

Gordon, L. und P. O'Keefe (1984): „Incest as a form of family violence: evidence from historical case records", in: *Journal of Marriage and the Family,* Februar, S. 27-34

Green, A.H. (1978): „Self-destructive behavior in battered children", in: *American Journal of Psychiatry 135,* Nr. 5, S. 579-582

Groth, A.N. (1979): *Men Who Rape: The Psychology of the Offender,* New York

Guntrip, H. (1969): *Schizoidal Phenomena, Object Relations and the Self,* New York

Hamilton, G.V. (1929): *A Research in Marriage,* New York

Heiman, J.R. und D.L. Rowland (1980): „Affective and physiological patterns of sexual response. An experimential study of functional and dysfunctional males," Vortrag auf der Jahrestagung der International Academy of Sex Research

Herman, J.L. (1992): *Trauma and Recovery,* New York (deutsche Ausgabe in Vorbereitung)

Herman, J.L. und L. Hirschman (1977): „Father-daughter incest", in: *Signs, Journal of Women in Culture and Society 2,* S. 735-756

Herman, J.L. und L. Hirschman (1981): *Father-Daughter Incest,* Cambridge, MA

Herrenkohl, E.C., R.C. Herrenkohl und L.J. Toedter (1982): „Perspectives on the intergenerational transmission of abuse", in: D. Finkelhor (Hg.): *The Dark Side of Families,* Beverly Hills/London/Neu Delhi

Herbert, C.P. (1987): „Expert medical assessment in determining probability of alleged child sexual abuse", in: *Child Abuse and Neglect 111,* S. 213-221

Horowitz, M.J. (1976): *Stress Response Syndromes,* New York

Horowitz, M. (1979): „Psychological response to serious life events", in: V. Hamilton und D.M. Warburton: *Human Stress and Cognition: An Information-Processing Approach,* Chicester, Wiley, S. 235-263

Horowitz, M., N. Wilner und W. Alvarez (1979): „Impact of event scale: A measure of objective stress", in: *Psychosomatic Medicine 41,* S. 209-218

* Hunter, M. (1990): *The Sexually Abused Male, Bd.1 Prevalence, Impact, and Treatment,* Lexington

* Hunter, M. (1990): *The Sexually Abused Male, Bd.2: Application of Treatment Strategies,* Lexington

Jackstell, S. und M. Orywahl (1993): „ Zum Begriff 'Sexualisiertes Verhalten'", in: S. Jackstell und M. Orywahl (Hg.): *Gruppenarbeit als Chance für Mädchen im Grundschulalter,* Ruhnmark (im Druck)

Jacobson, A. und B. Richardson: „Assault experiences of 100 psychiatric patients: evidence of need for routine enquiry", in: *American Journal of Psychiatry 144,* S. 908-913

Jaffe, A.C., L. Dynneson und R.W. Ten Bensel (1975): „Sexual abuse of children: an epidemiological study", in: *American Journal of Diseases in Children 129,* S. 689-692

James, J. und J. Meyerding (1977): „Early sexual experience and prostitution", in: *American Journal of Psychiatry 134,* Nr. 12, S. 1381-1385

Janoff-Bulman, R. (1985): „The aftermath of victimization: rebuilding shattered assumptions", in: C.R. Figley: *Trauma and its Wake,* New York

Jehu, D., C. Klassen und M. Gazan (1985-1986): „Cognitive restructuring of distorted beliefs associated with childhood sexual abuse", in: *Journal of Social Work and Human Sexuality 4,* S. 49-69

Johnson, R.L. und D. Shrier (1987): „Past sexual victimization by females of male patients in an adolescent medicine clinic population", in: *American Journal of Psychiatry 144,* Nr. 5, S. 650-652

Johnson, R.L. und D.K. Shrier (1985): „Sexual victimization of boys: experience at an adolescent medicine clinic", in: *Journal of Adolescent Health Care 6,* S. 372-376

Justice B. und R. Justice (1979): *The Broken Taboo: Sex in the Family,* New York

Kaufman, J. und E. Zigler (1987): „Do abused children become abusive parents?", in: *American Journal of Orthopsychiatry 57,* Nr. 2, S. 186-192

Kavemann, B. und I. Lohstöter (1984): *Väter als Täter. Sexuelle Gewalt gegen Mädchen, „Erinnerungen sind wie eine Zeitbombe",* Reinbek b. Hamburg

Keckley Market Research (1983): *Sexual Abuse in Nashville: A Report on Incidence and Long-Term Effects,* Nashville, TN

Kercher, G.A. und M. McShane (1984): „The prevalence of child sexual abuse victimization in an adult sample of Texas residents", in: *Child Abuse and Neglect 8,* S. 495-501

Kercher, G.A. und M. McShane (1984): „Characterizing child sexual abuse on the basis of a multi-agency sample", in: *Victimology. An International Journal 9,* Nr. 3-4, S. 364-372

Khan, M. und M. Sexton (1983): „Sexual abuse of young children", in: *Clinical Pediatrics 22,* S. 369-372

Kilpatrick, D.G., A. Amick-McMullan, C.L. Best und M.M. Burke (1986): „Impact on child sexual abuse: Recent research findings", Vortrag auf der 4. National Conference on the Sexual Victimization of Children, New Orleans

Kinsey, A., W. Pomeroy und C. Martin (1948): *Sexual Behavior in the Human Male,* Saunders, Philadelphia

Kinsey, A., W. Pomeroy und C. Martin (1948): *Sexual Behavior in the Human Female,* Saunders, Philadelphia

Knopp, F.H. (1982): *Remedial Intervention in Adolescent Sex Offenders: Nine Program Descriptions,* Syracuse

Knopp, F.H. (1984): *Retraining Adult Sex Offenders: Methods and Models,* Syracuse

Knopp, F.H. (1985): *The Youthful Sex Offender: The Rational and Goals of Early Intervention and Treatment,* Syracuse

Kolk, B.A. van der (1988): „The trauma spectrum: The interaction of biological and social events in the genesis of the trauma response", in: *Journal of Trauma-*

tic Stress 1, Nr. 3, S. 273-290
Kotelchuk, M. (1982): „Child abuse and neglect: Prediction and misclassification", in: R. Star (Hg.): *Child Abuse Prediction,* Cambridge, MA
Lamers-Winkelman, F. (1987): „Determinanten voor de schadelijkheid van incest op korte termijn", in: Cohen-Kettis: *Seksuologie: Incest,* Boerhaave Commissie PAOG/PAOS, Dezember, S. 17-30
Landis, J. (1956): „Experiences of 500 children with adult sexual deviants", in: *Psychiatric Quarterly Supplement 30,* S. 91-109
Langsley, D.G., M.N. Schwartz und R.H. Fairbairn (1968): „Father-son incest", in: *Comprehensive Psychiatry 9,* S. 218-226
Laws, D.R: und H.B. Rubin (1969): „Instructional control of an automatic sexual response", in: *Journal for Applied Behavior Analysis 2,* S. 93-99
Lindberg, F.H. und L.J. Distad (1985): „Survival responses to incest: Adolescents in crisis", in: *Child Abuse and Neglect 9,* S. 521-526
Luckermann, M. (1972): „Physiological measurements of sexual arousal in the human", in: *Handbook of Psychophysiology,* New York
Lukianowicz, N. (1972): „Incest: Paternal incest and other types of incest", in: *British Journal of Psychiatry 120,* S. 301-313
Lutz, S. und J. Medway (1984): „Contextual family therapy with the victims of incest", in: *Journal of Adolescence 7,* S. 319-327
Maisch, H. (1972): *Incest,* New York
Masters, W.H. (1986): „Sexual Dysfunction as an aftermath of sexual assault of men by women", in: *Journal of Sex and Marital Therapy 12,* Nr. 1, S. 35-45
Mede, P. van der und K. Slob (1984): „Studenten en hun jeugdervaringen met seksueel kontakt", in: J. Frenken und Van Lichtenburcht: *Incest: feiten, achtergronden en hulpverlening,* Zeist, S. 141-149
Mian, M., W. Wehrspann, H. Klajner-Diamond, D. LeBaron und C. Winder (1986): „Review of 125 children 6 years of age and under who were sexually abused", in: *Child Abuse and Neglect 10,* S. 223-229
Miller, P. (1976): „Blaming the victim of child molestation: An empirical analysis", in: *Dissertation Abstracts International*
Mills, T., P. Rieker und E. Carmen (1984): „Hospitalization experiences of victims of abuse", in: *Victimology 9,* S. 436-459
Mohr, I.W., R.E. Turner und M.B. Jerry (1964): *Pedophilia and Exhibitionism,* Toronto
Mrazek, P.B. und E. Kempe (Hg.) (1981): *Sexually Abused Children and Their Families,* New York
Mrazek, P.B. und D.A. Mrazek (1981): „The effect of child abuse: Methodological considerations", in: P.B. Mrazek und E. Kempe (Hg.) (1981): *Sexually Abused*

Children and Their Families, New York, S. 235-246
Mrazek, P.J., M.A. Lynch und A.B. Bentovim (1983): „Sexual abuse of children in the United Kingdom", in: *Child Abuse and Neglect 7,* S. 147-153
Murphy, J.E. (1985): *Untitled News Release,* St. Cloud State University, St. Cloud
Myers, B. (1980): „Incest: If you think the word is ugly, take a look at the effects", in: L. Jenstrom, B. Jones und K. MacFarlane (Hg.): *Sexual Abuse of Children: Selected Readings,* National Center on Child Abuse and Neglect, Washington D.C.
Nasjleti, M. (1980): „Suffering in silence: the male incest victim", in: *Child Welfare 59,* S. 269-275
Nielson, T.: „Sexual abuse of boys: current perspectives", in: *The Personnel and Guidance Journal*
* Nicolai, N.J. (1990): "Seksueel misbruik en psychiatrische stoornissen", in: *Maandblad Geestelijke Volksgezondheid 45,* Nr. 9, S. 908-923
O'Connor, A.O. (1987): „Female sex offenders", in: *British Journal of Psychiatry 150,* S. 615-620
Oliver, J. u.a. (1974): *Severely Ill-Treated Young Children in North-East Wiltshire,* Oxford University, Unit of Clinical Epidemology Research, Bericht Nr. 4
Oudshoorn, D.N. (1989): „Schemertoestanden na een seksueel trauma: toepassing van hypnose bij de behandeling", in: *Tijdschrift voor Psychotherapie 15,* Nr. 1, S. 2-10
Oudshoorn, D.N. (1988): „Een seksueel misbruikte jongen; casuïstische mededelingen", in: *Directieve Therapie 8,* Nr. 3, S. 283-294
* Outsem, R.E. van (1990): „Seksueel misbruikte jongens en mannen: gedoodverfde plegers?", in: *Maandblad Geestelijke Volksgezondheid 45,* Nr. 9, S. 924-934
Pagelow, M. (1984): *Family Violence,* New York
Peters. J.J. (1976): „Children who are victims of sexual assault and the psychology of offenders", in: *American Journal of Psychotherapy 30,* Nr. 3, S. 398-421
Peters, S.D., G.E. Wyatt und D. Finkelhor (1986): „Prevalence", in: D. Finkelhor (Hg.): *A Sourcebook on Child Sexual Abuse,* Beverly Hills/London/Neu Delhi, 2. Aufl.
Petrovitch, M. und D.I. Templer (1984): „Heterosexual molestation of children who later became rapists", in: *Psychological Reports 54,* S. 810
Pierce, L.H. (1987): „Father-son incest: Using the literature to guide practice", in: *Social Casework, Februar,* S. 67-74
* Pierce, R. und L.H. Pierce (1985a): „The sexually abused child: a comparison of male and female victims", in: *Child Abuse and Neglect 9,* S. 191-199
Pierce, R. und L.H. Pierce (1985b): „Analysis of sexual hotline reports", in: *Child Abuse and Neglect 9,* S. 37-45
Porter, E. (1986): *Treating the Young Male Victim of Sexual Assault: Issues and*

Intervention Strategies, Syracuse

Queen's Bench Foundation (1976): *Rape Victimization Study,* San Francisco

Quinton, D. und M. Rutter (1984): „Parents with children in care", in: *Journal of Child Psychology and Psychiatry 25,* S. 211-250

Rada, R.T. (1978): „Psychological factors in rapist behavior", in: R.T. Rada (Hg.): *Clinical Aspects of the Rapist,* New York

* Reinhart, M.A. (1987): „Sexually abused boys", in: *Child Abuse and Neglect 11,* S. 229-235

Rensen, B.: *Symptomen en signalen bij de diverse vormen van kindermishandeling,* Broschüre, o.J., o.O.

Rimsza, M.E., E.H. Niggeman (1982): „Medical evaluation of sexually abused children: a review of 311 cases", in: *Pediatrics 69,* Nr. 1, S. 8-14

Risin, L. und M.P. Koss (1987): „The sexual abuse of boys: prevalence and descriptive characteristics of childhood victimizations", in: *Journal of Interpersonal Violence 2, Nr. 3,* S. 309-323

Rijnaarts, J. (1987): *Dochters van Lot. Over vader-dochter incest,* Amsterdam (dt.: 1991: *Lots Töchter.* Über den Vater-Tochter-Inzest, München)

Rogers, C. (1979): *Findings from a hospital-based sexual abuse treatment program,* Vortrag auf der Children's Hospital Medical Center Conference on Sexual Victimization of Children, Washington D.C.

Rogers, C.M. und T. Terry (1984): „Clinical intervention with boy victims of sexual abuse", in: I.R. Stuart und J.G. Greer (Hg.)): *Victims of Sexual Aggression: Men, Women and Children,* New York

Rossman, P. (1980): „The pederasts", in: Schultz (Hg.): *The Sexual Victimology of Youth,* Springfield, IL

* Rush, F. (1980): *The Best Kept Secret: Sexual Abuse of Children,* New York (dt.: 1991: *Das bestgehütete Geheimnis: Sexueller Kindesmißbrauch,* Berlin, 6. Aufl.)

Russell, D.E.H. (1983): „The incidence and prevalence of intra-familial and extra-familial sexual abuse of female children", in: *Child Abuse and Neglect 7,* S. 133-146

Russell, D.E.H. (1984a): „The prevalence and seriousness of incestuous abuse: stepfathers vs. biological fathers,", in: *Child Abuse and Neglect 8,* S. 15-22

Russell, D.E.H. (1984b): *Sexual Exploitation: Rape, Child Sexual Assault and Workplace Harassment,* Beverly Hills/London/Neu Delhi

Russell, D.E.H. (1986): *The Secret Trauma: Incest in the Lives of Girls and Women,* New York

* Sandfort, Th.G.M. (1988): „Het belang van de ervaring", in: *Publicatiereeks Homostudies Nr.13,* Utrecht

Sanford, L. (1980): *The Silent Children: A Parent's Guide to the Prevention of Child Sexual Abuse,* Garden City (dt.: 1992: Das mißbrauchte Kind, München)

Sarrel, P.M. und W.H Masters (1982): „Sexual molestation of men by women", in: *Archives of Sexual Behavior 11,* S. 117-131

Scherzer, L.N. und P. Lala (1980): „Sexual offences committed against children", in: *Clinical Pediatrics 19,* S. 679-685

* Sebold, J. (1987): „Indicators of child sexual abuse in males", in: *Social Casework, Februar,* S. 75-80

Seidner, A.L. und K.S. Calhoun (1984): „Childhood sexual abuse: factors related to differential adult adjustment," Vortrag auf der 2nd National Conference for Family Violence Researchers, Durham

Serrill, M. (1974): „Treating sex offenders in New Jersey", in: *Corrections*

Shengold, L. (1979): „Child abuse and deprivation: soul murder", in: *Journal of the American Psychoanalytic Association 27,* S. 533-599

Shengold, L. (1980): „Some reflections on a case of mother/adolescent son incest", in: *International Journal of Psycho-Analysis 61,* S. 461-476

Silver, L. u.a. (1969): „Does violence breed violence? Contributions from a study of the child abuse syndrome", in: *American Journal of Psychiatry 126,* S. 152-155

Smith u.a. (1984): zit. n. M. Pagelow (1984): *Family Violence,* New York

Spencer, M.J. und P. Dunklee (1986): „Sexual abuse of boys", in: *Pediatrics 78,* Nr. 1, S. 133-138

Spinetta, J. und D. Rigler (1972): „The child abusing parent: a psychological review", in: *Psychological Bulletin 77,* S. 296-304

Starr, R. (1982): „A research-based approach to the prediction of child abuse", in: R. Starr: *Child Abuse Prediction,* Cambridge, MA

Starr, R. (1982): *Child Abuse Prediction,* Cambridge, MA

* Summit, R.C. (1983): „The child sexual abuse accommodation syndrome", in: *Child Abuse and Neglect 6,* S. 177-193

Sundberg, N.D. (1977): *Assessment of Persons,* Englewood Cliffs, NJ

Tilelli, J.A., D. Turek und A. Jaffe (1980): „Sexual abuse of children: clinical findings and implications for management", in: *New England Journal of Medicine 302,* S. 319-323

Tinnick, L. (1985): „22 % in survey were child abuse victims", in: *Los Angeles Times,* 25. August

Tinnick, L. (1985): „Children's abuse reports reliable, must believe", in: *Los Angeles Times,* 26. August

Trube-Becker, E. (1992): *Mißbrauchte Kinder. Sexuelle Gewalt und wissenschaftliche Ausbeutung,* Heidelberg

Tsai, M., S. Feldman-Summers und M. Edgar (1979): „Childhood molestation: variables related to differential impacts on psychosexual functioning in adult women", in: *Journal of Abnormal Psychology 88,* Nr. 4, S. 407-417

Vander Mey, B.J. und R.L. Neff (1986): *Incest as Child Abuse: Research and Applications,* New York
Vander Mey, B.J. (1988a): „The sexual victimization of boys and girls: A comparative analysis I+II," überarbeitete Fassung eines Vortrags auf dem National Symposium on Child Victimization, S. 1-16 und Anhang, Anaheim im April
* Vander Mey, B.J. (1988b): „The sexual victimization of male children: a review of previous research", in: *Child Abuse and Neglect 12,* S. 61-72
Vander Mey, B.J. (1986): „The sexual victimization of male children: A critical review I+II", Manuskript, S. 1-25 und 26-39, Juli
Van Scoyk, S., J. Gray und D.P.H. Jones (1988): „A theoretical framework for evaluation and treatment of the victims of child sexual assault by a non-family member", in: *Family Process 27,* S. 105-113
Vertommen, H. und F. Rochette (1979): *„Vragenlijst Interpersonlijke Relaties",* Handleiding, Lisse
Vennix, P. (1983): *De ILKS-gedachte en andere operationalities,* Nisso, Zeist
Vennix, P. (1984): „Incestueus of niet, wat maakt het uit", in: J. Frenken und C. Lichtenburcht: *Incest: feiten, achtergronden en hulpverlening,* Zeist, S. 129-140
Visser, J.H. (1982): „Prostitutie en seksueel misbruik van minderjarigen", in: W.H.G. Wolters: *Seksueel misbruik van kinderen en jonge adolescenten,* Nijkerk, S. 82-95
Visser, J.H. (1981): „Prostitutie en seksueel misbruik van minderjarigen", unveröffentl. Manuskript, S. 1-14; Mai
Wahl, C.W. (1960): „The psychodynamics of consummated maternal incest", in: *Archives of General Psychiatry 3 vom August,* S. 188-193
Weinberg, S.K. (1955): *Incest Behavior,* New York
* Wirtz, U. (1989): *Seelenmord. Inzest und Therapie,* Zürich
* Wolters, W.H.G. (1987): „Jongens en incest: een zwijgende minderheid", in: *Nederlands Tijdschrift voor Geneeskunde 131,* Nr. 43, S. 1889-1891
Wolters, W.H.G. (1982): „Seksueel misbruik van kinderen en jonge adolescenten", in: W.H.G. Wolters: *Seksueel misbruik van kinderen en jonge adolescenten,* Nijkerk, S. 11-30
Wolters, W.H.G., T.A.M. Deenen, P.M. Wagenaar-Schwencke und E.J. Zwaan (1985): „A review of cases of sexually exploited children reported to the Netherlands state police", in: *Child Abuse and Neglect 9,* S. 571-574
Wolters, W.H.G., T.A.M. Deenen, P.M. Wagenaar-Schwencke und E.J. Zwaan (1982a): „Bij de politie gemelde gevallen van seksueel contact tussen ouderen en kinderen", in: *Maandblad voor Geestelijke Gezondheid 37,* Nr. 6, S. 630-639
Wolters, W.H.G., T.A.M. Deenen, P.M. Wagenaar-Schwencke und E.J. Zwaan (1982b): „Bij de politie gemelde gevallen van seksueel contact tussen ouderen

en kinderen", in: W.H.G.: *Seksueel misbruik van kinderen en jonge adolescenten,* Nijkerk, S. 70-81

Wyatt, G.E. und S.D. Peters (1986a): „Issues in the definition of child sexual abuse in prevalence research", in: *Child Abuse and Neglect 10,* S. 241-251

Wyatt, G.E. und S.D. Peters (1986b): „Methodological considerations in research on the prevalence of child sexual abuse", in: *Child Abuse and Neglect 10,* S. 241-251

* Yates, A. (1982): „Children erotized by incest", in: *American Journal of Psychiatry 139,* S. 482-485

Yorukoglu, A. und J.P. Kemph (1966): „Children not severely damaged by incest with a parent", in: *Journal of the American Academy of Child Psychiatry 5,* S. 11-124

Zeeuw, J. de (1986): *Algemene psychodiagnostiek I: Testmethoden,* Lisse

Anhang 1

Übersicht der Inzidenz- und Prävalenzzahlen in der Fachliteratur

Dieser Anhang besteht aus zwei Teilen: Der erste Teil umfaßt niederländische, der zweite Teil ausländische Fachliteratur. Jeder Teil ist in drei Kategorien untergliedert, und zwar sexueller Mißbrauch an Männern, an Mädchen und Jungen und an männlichen Psychiatriepatienten. In jeder Kategorie ist die Literatur nach Erscheinungsdatum geordnet.

Zahlen in den Niederlanden

Prozentsätze der Gesamtzahl der Männer

Corstjens (1975): 13,8 % aller Männer haben vor dem 16. Lebensjahr sexuelle Erfahrungen mit Erwachsenen gemacht (Studie unter 224 niederländischen männlichen StudentInnen).

Vennix (1984): 5 % aller Männer sind sexuell mißbraucht worden, davon 4 % von Männern und 1 % von Frauen (Studie unter 250 Männern).

Van der Mede und Slob (1984): 2 % der Männer sind sexuell mißbraucht worden (Studie unter 172 männlichen Medizinstudenten).

Draijer (1985): 1,5 % der Männer sind innerhalb der Familie sexuell mißbraucht worden (Schätzung auf Grund einer Literaturstudie).

Prozentsätze der Gesamtzahl sexuell mißbrauchter Mädchen und Jungen

Wolters u.a. (1982): 20 % aller sexuell mißbrauchten Kinder sind Jungen (Studie unter 106 bei der niederländischen Polizei gemeldeten Fällen sexuellen Mißbrauchs an Kindern zwischen 0 und 12 Jahren).

Lamers-Winkelman (1987): 22 % aller sexuell mißbrauchten Kinder sind Jungen (Studie unter 41 Fällen sexuellen Mißbrauchs, die vor Gericht kamen).

Gianotten (1988): Etwa 20 % aller sexuell mißbrauchten Kinder sind Jungen (Schätzung aufgrund einer Literaturstudie).

Drion (1989): 1 % aller Telefongespräche von Jungen mit dem Kinder- und Jugendtelefon Groningen handelten von eigenen Erfahrungen sexuellen Mißbrauchtseins. Dem stehen 3,6 % aller Telefongespräche von Mädchen gegenüber (Inventarisierung von Gesprächsnotizen von MitarbeiterInnen des Kinder- und Jugendtelefons Groningen über einen Zeitraum von 2 Jahren. In dieser Zeit haben 32 Jungen in Telefongesprächen von selbst erfahrenem sexuellen Mißbrauch berichtet).

Prozentsätze der Gesamtzahl männlicher Psychiatriepatienten

Nicolai (1990): 21 % einer Gruppe männlicher Psychiatriepatienten in geschlossenen Abteilungen sind sexuell mißbraucht worden, ehe sie das 18. Lebensjahr erreicht hatten (Studie unter 38 männlichen Psychiatriepatienten in einer geschlossenen Krisenabteilung eines psychiatrischen Krankenhauses).

Zahlen aus den Vereinigten Staaten und anderen Ländern

Prozentsätze der Gesamtzahl der Männer

Hamilton (1929), Vereinigte Staaten: 22 % aller Männer haben »prä-pubertäre sexuelle Aggression« erlebt (Studie unter 100 verheirateten Männern aus New York City, die sich selbst zu der Studie angemeldet hatten).

Landis (1956), Vereinigte Staaten: 30 % aller Männer haben vor ihrem 16. Lebensjahr sexuelle Erfahrungen mit Erwachsenen gemacht. Das betrifft sowohl freiwillige als auch unfreiwillige Erfahrungen.

Miller (1976), Vereinigte Staaten: 8 % der Männer sind sexuell mißbraucht worden (Studie unter 3185 Jugendlichen (14 bis 18 Jahre) in Illinois).

Finkelhor (1979), Vereinigte Staaten: 9 % der Männer sind sexuell mißbraucht worden. 1,5 % der Männer sind innerhalb der Familie sexuell mißbraucht worden (Studie unter 796 Collegestudenten. Auch die Erfahrungen sexuellen Mißbrauchs ohne Körperkontakt sind hier mitgerechnet).

Fritz, Stoll und Wagner (1981), Vereinigte Staaten: 4,8 % der Männer sind sexuell mißbraucht worden (Studie unter 952 Collegestudenten).

Keckley Market Research (1983), Vereinigte Staaten: 7 % der Männer sind in ihrer Kindheit sexuell mißbraucht worden (Studie unter 603 Erwachsenen in Nashville, TN).

Finkelhor (1984), Vereinigte Staaten: 6 % der Männer sind sexuell mißbraucht worden (Studie unter 187 Männern).

Seidner und Calhoun (1984), Vereinigte Staaten: 5 % der Männer haben vor dem 18. Lebensjahr sexuelle Erfahrungen mit erwachsenen PartnerInnen gehabt (Studie unter 490 männlichen Collegestudenten).

Badgley u.a. (1984), Kanada: 13 % der Männer sind sexuell mißbraucht worden (Studie anhand einer Zufalls-Stichprobe von 1002 Männern aus 210 kanadischen Gemeinden).

Kercher und McShane (1984), Vereinigte Staaten: 3% der Männer sind sexuell mißbraucht worden (Studie unter 1056 männlichen Lastwagenfahrern in Texas).

Murphy (1985), Vereinigte Staaten: 3 % der Männer sind vor dem 18. Lebensjahr sexuell mißbraucht worden (Studie unter 403 Männern in Central Minnesota).

Timnick (1985), Vereinigte Staaten: 16 % der Männer sind sexuell mißbraucht worden (Studie anhand einer Zufalls-Stichprobe von 1252 Männern aus verschiedenen Teilen der USA).

Burnam (1985), Vereinigte Staaten: 3 % der Männer sind vor dem 16. Lebensjahr sexuell mißbraucht worden (Studie unter 1459 Männern aus Los Angeles, CA).

Baker und Duncan (1985), Großbritannien: 8 % der Männer sind vor dem 16. Lebensjahr sexuell mißbraucht worden (Studie anhand einer repräsentativen Stichprobe von 1000 Männern aus verschiedenen Teilen des Vereinigten Königreichs).

Risin und Koss (1987), Vereinigte Staaten: 7,3 % der Männer sind sexuell mißbraucht worden. Von diesen betrachteten sich 61,9 % als Opfer, das sind 4 % aller Männer (Studie unter 2927 Collegestudenten).

Johnson und Shrier (1987), Vereinigte Staaten: 2,5 % der Männer sind sexuell mißbraucht worden; 1,1 % von Frauen und 1,4 % von Männern (Studie unter einer medizinisch-klinischen Population von 1000 Heranwachsenden).

Prozentsätze der Gesamtzahl sexuell mißbrauchter Mädchen und Jungen

Maisch (1975), Bundesrepublik Deutschland: 6,25 % aller sexuell mißbrauchten Kinder sind Jungen (Studie anhand von Fällen sexuellen Mißbrauchs an Kindern, die vor Gericht gelangten).

Jaffe u.a. (1975), Vereinigte Staaten: 12 % aller sexuell mißbrauchten Kinder sind Jungen (Auswertung von Polizeiakten).

Geiser (1979), Vereinigte Staaten: 10 bis 20 % aller sexuell mißbrauchten Kinder sind Jungen (Schätzung auf Grund von Literaturstudien und Forschungsdaten).

Rogers (1979), Vereinigte Staaten: 25 % aller sexuell mißbrauchten Kinder sind Jungen.

Finkelhor (1980), Vereinigte Staaten: Was sexuellen Mißbrauch angeht, ist das Verhältnis Jungen zu Mädchen 1 : 2.

Ellerstein und Canavan (1980), Vereinigte Staaten: 11 % aller sexuell mißbrauchten Kinder sind Jungen.

Tilelli, Turek und Jaffe (1980), Vereinigte Staaten: 13 % aller sexuell mißbrauchten Kinder sind Jungen.

Rimsza und Niggeman (1982), Vereinigte Staaten: 14 % aller sexuell mißbrauchten Kinder sind Jungen.

De Jong, Emmet und Hervada (1982), Vereinigte Staaten: Von allen gemeldeten Fällen sexuell mißbrauchter Kinder sind 33 % Jungen.

Rogers und Terry (1982), Vereinigte Staaten: 25 % aller sexuell mißbrauchten Kinder sind Jungen.

Mrazek, Lynch und Bentovim (1983), Großbritannien: 14 % aller sexuell mißbrauchten Kinder sind Jungen.

De Jong, Hervada und Emmet (1983), Vereinigte Staaten: 18 % aller sexuell mißbrauchten Kinder sind Jungen.

Khan und Sexton (1983), Vereinigte Staaten: 24 % aller sexuell mißbrauchten Kinder sind Jungen (Auswertung von 113 Akten einer psychiatrischen Kinderklinik).

Finkelhor (1984), Vereinigte Staaten: 39 % aller sexuell mißbrauchten Kinder sind Jungen (Studie anhand einer großen, repräsentativen Stichprobe von Familien in Boston).

Pierce und Pierce (1985), Vereinigte Staaten: 12 % aller sexuell mißbrauchten Kinder sind Jungen (Schätzung auf Grund einer Analyse von Gesprächsregistrierungen eines telefonischen Hilfsdienstes).

Johnson und Shrier (1985), Vereinigte Staaten: 10 % aller sexuell mißbrauchten Kinder sind Jungen (Studie anhand von 40 gemeldeten Fällen).

Mian u.a. (1986), Kanada: Etwa 25 % aller sexuell mißbrauchten Kinder sind Jungen (klinische Studie).

Spencer und Dunklee (1986), Vereinigte Staaten: 9 % aller sexuell mißbrauchten Kinder sind Jungen (Studie an 140 Kindern in einem Kinderkrankenhaus in San Diego, CA).

Finkelhor und Baron (1986), Vereinigte Staaten: 29 % aller sexuell mißbrauchten Kinder sind Jungen (auf Untersuchungen großer Stichproben in den USA basierende Schätzung).

Porter (1986), Vereinigte Staaten: In bezug auf Erfahrungen sexuellen Mißbrauchtseins wächst das Verhältnis Jungen zu Mädchen in Richtung 1:1 (Schätzung auf Grund einer Literaturstudie).

Knopp (1986), Vereinigte Staaten: 21,7 % aller sexuell mißbrauchten Kinder sind Jungen.

Sebold (1986), Vereinigte Staaten: 12 bis 33 % aller sexuell mißbrauchten Kinder sind Jungen (Schätzung auf Grund einer Literaturstudie).

Reinhart (1987), Vereinigte Staaten: 16,4 % aller sexuell mißbrauchten Kinder sind Jungen (Aktenauswertung in einem Krankenhaus in Sacramento, CA).

Vander Mey (1988), Vereinigte Staaten: 18 % aller sexuell mißbrauchten Kinder sind Jungen (Studie anhand von 521 bei einer Kinderschutzorganisation gemeldeten Fällen sexuellen Mißbrauchs an Kindern).

Cupoli und Monaghan-Sewell (1988), Vereinigte Staaten: 11 % aller sexuell mißbrauchten Kinder sind Jungen (klinische Studie an 1059 Kindern im Alter zwischen 3 Monaten und 16 Jahren).

Prozentsätze der Gesamtzahl männlicher Psychiatriepatienten

Mills u.a. (1984), Vereinigte Staaten: 23 % der männlichen Psychiatriepatienten sind sexuell und/oder physisch mißbraucht bzw. mißhandelt worden (Schätzung auf Grund einer klinischen Studie).

Carmen u.a. (1984), Vereinigte Staaten: 23 % der männlichen Psychiatriepatienten sind sexuell und/oder physisch mißbraucht bzw. mißhandelt worden. 11 % aller sexuell mißbrauchten PsychiatriepatientInnen sind Jungen oder Männer (Studie unter 188 erwachsenen PsychiatriepatientInnen, davon 66 Männer).

Jacobson und Richardson (1987), Vereinigte Staaten: 16 % der männlichen Psychiatriepatienten sind als Kinder sexuell mißbraucht worden. 4 % der männlichen Psychiatriepatienten sind als Erwachsene sexuell mißbraucht worden (Studie an 100 Psychiatriepatienten).

Anhang 2

Diagnostische Kriterien

aus dem *Diagnostischen und Statistischen Manual Psychischer Störungen DMS-III-R,* der gängigsten Klassifikation psychischer Störungen, zusammengestellt von der American Psychiatric Association (APA, 1987):

Posttraumatische Belastungsstörung

A. Die Person hat ein Ereignis erlebt, das außerhalb der üblichen menschlichen Erfahrung liegt und für fast jeden stark belastend wäre, z.B. ernsthafte Bedrohung des Lebens oder der körperlichen Integrität; ernsthafte Bedrohung oder Schädigung seiner Kinder, des Ehepartners oder naher Verwandter und Freunde; plötzliche Zerstörung des eigenen Zuhauses bzw. der Gemeinde; oder mit anzusehen, wie eine andere Person infolge eines Unfalls bzw. körperlicher Gewalt kürzlich oder gerade ernsthaft verletzt oder getötet wurde.

B. Das traumatische Ereignis wird ständig auf mindestens eine der folgenden Arten wiedererlebt:

1. wiederholte und sich aufdrängende Erinnerungen an das Ereignis (bei kleinen Kindern Wiederholungsspiele, bei denen Themen oder Aspekte des Traumas ausgedrückt werden);
2. wiederholte, stark belastende Träume;
3. plötzliches Handeln oder Fühlen, als ob das traumatische Ereignis wiedergekehrt wäre (dazu gehören ein Gefühl, das Ereignis wieder zu durchleben, Vorstellungen, Halluzinationen und dissoziationsartige Episoden (flashbacks), auch im Wachheitszustand oder bei Intoxikation);
4. intensives psychisches Leid bei der Konfrontation mit Ereignissen,

die das traumatische Ereignis symbolisieren oder ihm in irgendeiner Weise ähnlich sind, einschließlich Jahrestage des Traumas.

C. Anhaltende Vermeidung von Stimuli, die mit dem Trauma in Verbindung stehen, oder eine Einschränkung der allgemeinen Reagibilität (war vor dem Trauma nicht vorhanden), was sich in mindestens drei der folgenden Merkmale ausdrückt:
1. Anstrengungen, Gedanken oder Gefühle, die mit dem Trauma in Verbindung stehen, zu vermeiden;
2. Anstrengungen, Aktivitäten oder Situationen, die Erinnerungen an das Trauma wachrufen, zu vermeiden;
3. Unfähigkeit, sich an einen wichtigen Aspekt des Traumas zu erinnern (psychogene Amnesie);
4. auffallend vermindertes Interesse an bedeutenden Aktivitäten (bei kleinen Kindern Verlust neu angeeigneter entwicklungsbedingter Fähigkeiten, wie etwa Sauberkeitstraining oder Sprachfähigkeiten);
5. Gefühl der Isolierung bzw. Entfremdung von anderen;
6. eingeschränkter Affekt, z.B. keine zärtlichen Gefühle mehr empfinden;
7. Gefühl verkürzter Zukunftsperspektiven, z.B. erwartet nicht, Karriere zu machen, zu heiraten, Kinder zu haben oder lange leben zu können.

D. Anhaltende Symptome eines erhöhten Erregungsniveaus (waren vor dem Trauma nicht vorhanden), durch mindestens zwei der folgenden Merkmale gekennzeichnet:
1. Ein- oder Durchschlafstörungen;
2. Reizbarkeit oder Wutausbrüche;
3. Konzentrationsschwierigkeiten;
4. Hypervigilanz;
5. übertriebene Schreckreaktionen;
6. physiologische Reaktionen bei Konfrontation mit Ereignissen, die einem Aspekt des traumatischen Ereignisses ähneln oder es symbolisieren (z.B. eine Frau, die in einem Aufzug vergewaltigt wurde, bricht beim Betreten von Aufzügen in Schweiß aus).

E. Die Dauer der Störung (Symptome aus B, C und D) beträgt mindestens einen Monat.

Unter dem Begriff Dissoziative Störungen versteht das DSM-III-R eine Gruppe von Störungen, deren Hauptmerkmal eine Störung oder Änderung der normalerweise integrativen Funktionen der Identität, des Gedächtnisses oder des Bewußtseins ist. Die Störung oder Änderung kann plötzlich oder allmählich auftreten und vorübergehend oder chronisch sein. Wenn sie primär die Identität betrifft, wird die eigentliche Identität zeitweilig vergessen, und eine neue Identität kann angenommen oder aufgedrängt werden (wie bei der Multiplen Persönlichkeitsstörung). Es ist auch möglich, daß das gewohnte Gefühl der eigenen Realität verloren geht und durch ein Gefühl der Unwirklichkeit ersetzt wird (wie bei der Depersonalisationsstörung). Wenn die Störung primär das Gedächtnis betrifft, können wichtige persönliche Ereignisse nicht mehr erinnert werden (wie bei der Psychogenen Amnesie und der Psychogenen Fugue).

Unter die Dissoziativen Störungen fallen die nachstehenden Phänomene:

Multiple Persönlichkeitsstörung

A. Die Existenz von zwei oder mehr unterschiedlichen Persönlichkeiten oder Persönlichkeitszuständen innerhalb einer Person (jede mit einem eigenen relativ überdauernden Muster, die Umgebung und sich selbst wahrzunehmen, sich auf sie zu beziehen und sich gedanklich mit ihnen auseinanderzusetzen).

B. Mindestens zwei dieser Persönlichkeiten oder Persönlichkeitszustände übernehmen wiederholt die volle Kontrolle über das Verhalten des Individuums.

Psychogene Fugue

A. Die vorherrschende Auffälligkeit ist ein plötzliches, unerwartetes Weggehen von zu Hause oder vom gewohnten Arbeitsplatz, verbunden mit der Unfähigkeit, sich an die eigene Vergangenheit zu erinnern.

B. Annahme einer neuen Identität (partiell oder vollständig).

C. Die Störung ist nicht auf eine Multiple Persönlichkeitsstörung oder eine Organisch Bedingte Psychische Störung [...] zurückzuführen.

Psychogene Amnesie

A. Die vorherrschende Auffälligkeit ist eine Episode plötzlicher Unfähigkeit, sich an wichtige persönliche Daten zu erinnern, die zu umfassend ist, um als gewöhnliche Vergeßlichkeit erklärt werden zu können.

B. Die Auffälligkeit ist nicht auf eine Multiple Persönlichkeitsstörung oder auf eine Organisch Bedingte Psychische Störung (z.B. „blackouts" während einer Alkoholintoxikation) zurückzuführen.

Depersonalisationsstörung

A. Anhaltendes oder wiederkehrendes Erleben einer Depersonalisation, angezeigt entweder durch 1. oder 2.:
1. das Gefühl, losgelöst zu sein von den eigenen psychischen Prozessen oder dem Körper, so als sei man ein äußerer Beobachter;
2. sich wie ein Roboter oder „wie im Traum" zu fühlen.

B. Während des Depersonalisationsgefühls bleibt die Realitätskontrolle intakt.

C. Die Depersonalisation ist anhaltend und von ausreichendem Schweregrad, um beträchtliches Leid hervorzurufen.

D. Das Erlebnis von Depersonalisation ist die vorherrschende Auffälligkeit und nicht ein Symptom einer anderen Störung wie Schizophrenie, Panikstörung, Agoraphobie ohne Panikstörung in der Vorgeschichte, aber mit umschriebenen Attacken von Depersonalisation oder Temporallappen-Epilepsie.

Schließlich gibt es noch eine Restkategorie Nicht Näher Bezeichnete Dissoziative Störungen mit dem vorherrschenden Merkmal eines dissoziativen Symptoms (d.h. eine Beeinträchtigung oder ein Wechsel der normalen integrativen Funktionen, der Identität, des Gedächtnisses oder des Bewußtseins), das nicht die Kriterien für eine spezielle Dissoziative Störung erfüllt.

Quelle: *Diagnostisches und Statistisches Manual Psychischer Störungen DSM-III-R*, übersetzt nach der Revision der dritten Auflage des *Diagnostic and Statistical Manual of Mental Disorders der American Psychiatric Associaton.* Deutsche Bearbeitung und Einführung von H.-U. Wittchen, H. Saß, M. Zaudig und K. Koehler, 3., korrigierte Auflage 1991 (Beltz Verlag, Weinheim/Basel), S. 307f., 332f., 334, 336, 338

Anhang 3

Modell zur Verarbeitung eines traumatischen Ereignisses

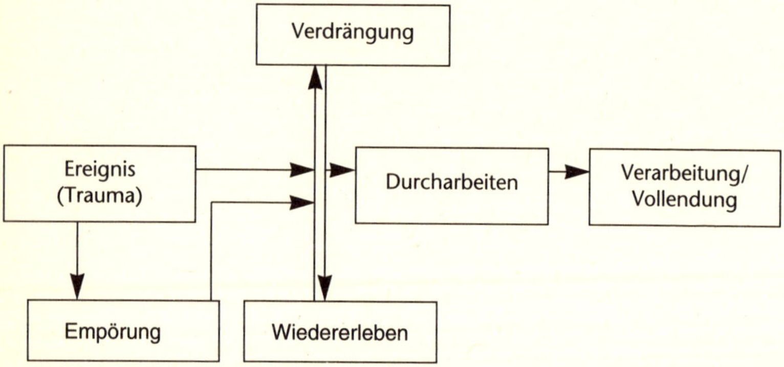

Empörung steht für die erste Reaktion der Bestürzung und des Unglaubens direkt nach dem traumatischen Ereignis, die mit Weinen oder Schreien einhergeht.

Anhang 4

Heuristisches Traumatisierungsmodell

im Zusammenhang mit der Erfahrung sexuellen Mißbrauchtseins

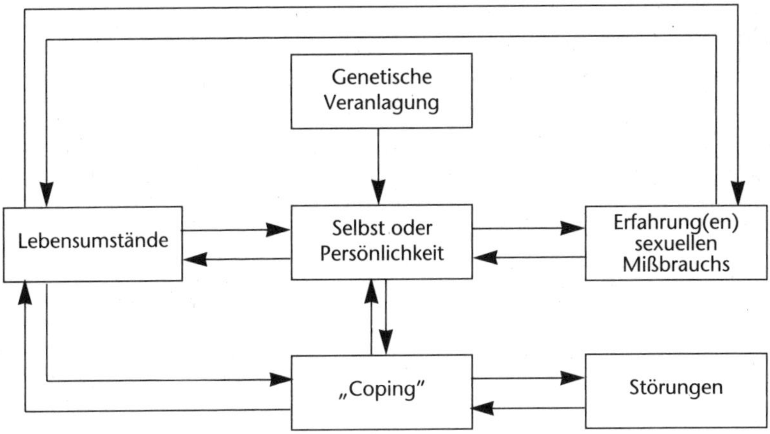

Lebensumstände:

Das (soziale) Umfeld des Individuums. Alle Faktoren (psychisch, materiell, sozial, kulturell), die während des Aufwachsens und auch später im Erwachsenenalter zur Persönlichkeitsentwicklung beitragen.

Selbst oder Persönlichkeit:

Die einem Individuum eigene Gesamtheit des Denkens, Fühlens und Handelns.

Erfahrung(en) und Wiedererleben sexuellen Mißbrauchs:

Betrifft sowohl das Ereignis (die Ereignisse) sexuellen Mißbrauchs an sich, als auch dessen Wiedererleben (Flashbacks, Alpträume). Es geht hier um Situationen, in denen der Mißbrauch für das Individuum aktuell ist, ob er nun tatsächlich stattfindet oder nicht.

»Coping«:
Die Aktivitäten des Individuums auf dem Gebiet des Denkens, Fühlens und Handelns, die zum Ziel haben, die Erfahrung und das Wiedererleben sexuellen Mißbrauchs dergestalt zu integrieren, daß diese möglichst wenig Streß herbeiführen. Diese Aktivitäten können sowohl effektiv und angemessen sein als auch uneffektiv und unangemessen.
Störungen:
Erfahrungen mangelnden (subjektiven) Wohlbefindens, die aus uneffektiven und/oder unangemessenen Coping-Aktivitäten hervorgehen. Diese Störungen können sowohl psychisch als auch somatisch oder psychosomatisch sein.
Genetische Veranlagung:
erblich festgelegte Wissens-, Gefühls- und Verhaltenseigenschaften des Individuums.

Die *Pfeile* geben an, welche Faktoren sich gegenseitig beeinflussen können.

Kind im Zentrum – KiZ e.V.

Sozialtherapeutische Hilfen
für sexuell mißbrauchte Kinder
und ihre Familien

Neue Schönhauser Str. 16
1020 Berlin
Tel. 030 / 282 80 77

Sybelstr. 30
1000 Berlin 12
Tel. 030 / 324 70 90

Korallenriff

Arbeitskreis gegen den
sexuellen Mißbrauch von Kindern e.V.

Fürbringerstr. 6
1000 Berlin 61
Tel. 030 / 694 12 72

Mannege

Info und Beratung für Männer e.V.

Haus der Demokratie
Friedrichstr. 165
1080 Berlin
Tel. 030 / 208 21 57

Zartbitter e.V.

Kontakt- und Informationsstelle
gegen sexuellen Mißbrauch
an Mädchen und Jungen

Stadtwaldgürtel 89
5000 Köln 41
Tel. 0221 / 40 57 80

Speziell für schwule Männer:

Schwulenberatung

im Kommunikations- und Beratungszentrum
homosexueller Frauen und Männer e.V.

Kulmer Str. 20 a (2. Hinterhof, 4. Stock)
1000 Berlin 30
Tel. 030 / 215 90 00
Öffnungszeiten:
Mo., Mi., Do. 17.00 bis 20.00 Uhr
Di. 15.00 bis 18.00
Fr. 15.00 bis 18.00 (nur telefonisch)
und nach Vereinbarung

Mann-O-Meter e.V.

Information und Treffpunkt für Schwule
Thomas Symalla

Motzstr. 5
1000 Berlin 30
Tel. 030 / 859 14 12